宗教の本道を語る

幸福の科学理事長
神《じん》武《む》桜《さくら》子《こ》との対談

Ryuho Okawa
大川隆法

まえがき

神武《じんむ》桜子《さくらこ》新理事長が就任されて一カ月余り、対談して教団のあるべき姿、新しい方向を示すために編《あ》んだ一書である。

彼女は、言葉は少なめで、重い方《かた》だが、「正義の法」に関して、不動の信仰の剣をしっかりと握っておられる方である。「悪は絶対に許さない」という点において、宗教の持つ厳しい面を示し、桜の花のような美しさ、潔《いさぎよ》さ、透明感で、この国の美質《びしつ》を体現《たいげん》しておられる。

桜の花は神道《しんとう》にもよく似合《にあ》うが、仏教にも親近性《しんきんせい》がある。限《かぎ》られし、たまゆらの命《いのち》を与えられた人間が、この世をいかに生くべきかについて、新しい角度から明示《めいじ》できたのではないかと思う。

なお政治に関しても、戦後七十年の「安倍談話」を一喝《いっかつ》した。嘘《うそ》が上手につけることが「政治家の条件」だと、後世《こうせい》の人々に申し送りたくはないものだ。

二〇一五年　八月二十七日

幸福《こうふく》の科学《かがく》グループ創始者兼総裁《そうししゃけんそうさい》　大川隆法《おおかわりゅうほう》

宗教の本道を語る　目次

宗教の本道《ほんどう》を語る

――幸福の科学理事長・神武桜子《じんむさくらこ》との対談――

二〇一五年八月二十一日　収録
東京都・幸福の科学総合本部にて

宗教の本道《ほんどう》を語る

幸福の科学理事長
神武桜子《じんむさくらこ》との対談

二〇一五年八月二十一日　収録
東京都・幸福の科学総合本部にて

対談者

神武《じんむ》桜子《さくらこ》（幸福の科学理事長）

司会

三宅《みやけ》早織《さおり》（幸福の科学常務理事 兼《けん》 人事局長）

［役職は収録時点のもの］

1 神武桜子《じんむさくらこ》理事長と対談をしようと思った理由

「幸福の科学の新しい風」を感じ取っていただきたい

司会　これより、幸福の科学グループ創始者兼総裁《けんそうさい》、大川隆法総裁と、神武桜子《じんむさくらこ》理事長との対談「宗教の本道《ほんどう》を語る」を始めさせていただきます。

どうぞ、よろしくお願いいたします。

大川隆法　はい。

神武桜子　お願いします。

大川隆法　理事長に新任されて、もう一カ月ちょっとぐらいですか。

神武桜子　はい。一カ月余りです。

大川隆法　私は、〝一カ月定期健診《けんしん》〟というあたりかなと思っているんですけれども ね。

神武桜子　（笑）

大川隆法　幸福の科学の職員のみなさんにも、会員のみなさまにも、その他のみなさまにも、少しご紹介《しょうかい》をしたほうがよいころに来たかなと思っております。

つまり、神武さんの人柄《ひとがら》や考え方を少し知っていただいて、「皇室の新しい風」ではありませんが、「幸福の科学の新しい風」を感じ取っていただければ幸いかと思っております（注。二〇一五年七月十四日、佳子内親王《かこないしんのう》の守護霊霊言《しゅごれいれいげん》を収録し、『皇室の新しい風 おそれながら、「佳子さまリーディング」』〔幸福の科学出版刊〕として発刊した）。

対談の内容については、特段の考えがないので（笑）（会場笑）、ざっくばらんに話をして、あとは、よろしくまとめていただければありがたいと思います。

特に、最近、あちこちに〝噴火《ふんか》〟を感じて、「やはり、これは神武さんの怒り《いか》を解《と》いておく必要があるのではないかな」と感じることが多いので、今日、しっかりと、辛口《からくち》で言いたいことがあったら世間《せけん》に向けて発信していただいて、鎮静《ちんせい》化を目指したいと考えています（笑）。

神武桜子　はい（笑）。お騒《さわ》がせしております。

大川隆法　（笑）（会場笑）

二十八歳《さい》の神武桜子理事長は、どのような人なのか

司会　神武理事長は、一見《いっけん》、美しく、本当に透明《とうめい》感のある方でございます。

大川隆法　「一見」ということはないでしょう（笑）（会場笑）。そういう意味ではないです。

司会　あ、すみません（笑）。

大川隆法　「常《つね》に」です。

司会　はい。とても美しい女性でありますが、中身はとってもかっこよい女性でもあられます。現在、二十八歳《さい》で幸福の科学の理事長を務めており、先日も、幸福の科学グループ全体の経営幹部の前で、全体方針を示されたり、幸福の科学の全国の職員の前で、講話をされたりしました。

そして、職員のほうからも、「本当に背筋《せすじ》が凍《こお》る思いで……」。

大川隆法　背筋が凍る？　（笑）（会場笑）

神武桜子　（笑）

大川隆法　すごい言葉が出ていますね（笑）。

司会　本当に衝撃《しょうげき》的なお話でした。「神武理事長のなかから出てくる純粋《じゅんすい》な信仰《しんこう》心《しん》や言魂《ことだま》、磁場《じば》を一気につくる霊力《れいりょく》を感じる」というようなお言葉もたくさん頂いております。

現在、私《わたくし》自身も神武理事長と共に聖務《せいむ》をさせていただいているのですが、日々、涙《なみだ》が出るようなお話を頂いております。

また、神武理事長の講話のなかにも、号泣《ごうきゅう》してハンカチなしには聞けないような素晴《すば》らしいお言葉もありました。一言《ひとこと》一言はシンプルなのですが、「魂《たましい》がそこに宿っている」というようなお言葉でした。

このように、日々、みなさんの魂に響《ひび》くようなお言葉を頂いております。そのような神武理事長と、大川総裁との対談を賜《たまわ》れることを、本当に心から感謝しております。

「神武桜子」という法名《ほうみょう》に込《こ》められた意味とは

司会　本日は、「神武桜子理事長との対談」ということですが、「神武桜子」という法名《ほうみょう》は、大川総裁から頂いております。

そこで、大川総裁のほうから、法名を与《あた》えられた意味や御心《みこころ》がございましたら、お教えいただければと思います。

大川隆法　以前、私は、近くに橿原神宮《かしはらじんぐう》がある幸福の科学の橿原支部へ巡錫《じゅんしゃく》に行ったことがありました（二〇一三年十一月二十四日、幸福の科学橿原支部精舎説法《しょうじゃせっぽう》「日本建国の原点」。『日本建国の

『日本建国の原点』
（幸福の科学出版）

原点』〔幸福の科学出版刊〕に所収）。その支部での説法が終わったあと、「やはり、お参《まい》りしたほうがいいだろう」と思って橿原神宮に行ったときに、私が彼女に、「（芳名帳《ほうめいちょう》に）名前は何と書きますか。もう、『神武桜子』と書いてしまいなさい」と言ったのです。そして、本当にそう書いたのが始まりです（笑）。

それで、今回、その法名になってしまったわけです。

また、私が支部で説法をしたあと、会員さんでも橿原神宮に行かれた方が多く、「なんか、『神武桜子』という人が参拝《さんぱい》しているらしい」などと噂《うわさ》になっていたので、「それなら、いっそのこと、それで行ってしまおうか」ということになったわけです。

「名《な》は体《たい》を表す」と申しますので、「そのとおりかな」と感じております（注。以前のリーディングで、神武桜子は、日本の初代天皇である神武天皇と縁《えん》の深い魂であることが判明している）。

今朝《けさ》も、明け方ごろに、長い青銅《せいどう》の剣《けん》のようなものを持って、私の身辺《しんぺん》を警備しておられるような姿を（霊視《れいし》で）視《み》てしまったので、「ああ、これは大変だな。『何か隙《すき》があったら入ってくるようなものを、許さない！』という気持ちで警備していらっしゃるのだな」と思いました。

そして、「そういう霊力で護《まも》るやり方もあろうけれども、言葉で人に分かるように言ってもよいのかな」と思っているところです。

もちろん、「神武」は、日本という国家が始まったときの天皇の名前でもございますし、「桜子」のところは、日本の象徴《しょうちょう》でもある「桜」を使ったということで、「武士道に代表される、日本男子の神々《こうごう》しい生き方」と「女性の美しい姿」とを併《あわ》せ持つ人格というものを投影《とうえい》して、そういう法名をつけたわけですね。

司会　ありがとうございます。

神武理事長、何か感想等がありましたら、お話を頂ければと思います。

神武桜子　たいへんありがたい法名を頂きまして、本当にありがとうございます。

大川隆法　いえいえ。

神武桜子　今日は、いちおう「桜子」に見えるように（笑）、桜色の服を……。

大川隆法　（笑）（会場笑）

神武桜子　大川総裁から、服を着替《きが》えるだけの時間を頂きましたので、自宅に戻《もど》って着替えてきました。その前は、マグマ色の真《ま》っ赤《か》なカーディガンを……（笑）

（会場笑）。

大川隆法　マグマ色だったのですか。

神武桜子　はい。それを着ていたんですけれども。

大川隆法　ああ、そうですか。一日早く（収録予定を）言えば、〝桜吹雪《ふぶき》〟が入った着物か何かを探してきた可能性があるかもしれませんね（笑）。

神武桜子　ちょっと、まだ〝入《い》れ墨《ずみ》〟までは入れられないんですけれども（笑）

（会場笑）。

大川隆法　入れ墨までは入れない？　いずれ、楽しみにしています（笑）。

神武桜子　はい（笑）（会場笑）。

大川隆法　〝桜吹雪〟が見られると面白《おもしろ》いですね。

神武桜子　はい（笑）。

司会　いつか見られることを楽しみにしております（笑）。

2 「宗教の本道《ほんどう》」が見失われつつある現代

宗教界全体が直面している厳しい現実

司会　今回は、「宗教の本道《ほんどう》を語る」というタイトルを頂きました。
実は、先日、神武理事長が幸福の科学の研修を受け、「宗教の本道に専念することが大事だ」と感じられたと聞いております。

大川隆法　ああ、そうですか。

司会　そこについて、神武理事長のほうから、教えていただければと思います。

神武桜子　はい。八月の上旬《じょうじゅん》に幸福の科学の研修に行かせていただきました。そこで、「プロフェッショナルの条件」という御法話《ごほうわ》の参究《さんきゅう》をしているうちに、「プロの宗教家を考えると、やはり説法《せっぽう》だな」と思ったのです。

また、そのころに、ちょうど『寺院消滅《しょうめつ》』という本を読んでいまして、「たとえ、『お寺』というかたちがあったとしても、なかにいる住職《じゅうしょく》さんがしっかりと心の教えを説けなければ、形骸《けいがい》化してしまうのではないか」というように思いました。

大川隆法　そうですね。全然、潰《つぶ》れないと思われていた寺院も、「七万七千ぐら

『プロフェッショナルの条件』
（宗教法人幸福の科学刊）

いあるものが、五万ぐらいに減りそうだ」という予想でしたよね？

神武桜子　はい。「住職がいないお寺が増えている」という話でした。地方の檀《だん》家《か》が少ない小さいお寺の事例で、法事《ほうじ》などで頂けるお布施《ふせ》が少ないため、住職さんが生活できるよう、限られた檀家の方が経済的支援をしていたのですが、その地域の方々が高齢《こうれい》化してきて、「自分たちは年金生活で、住職を養うだけの力がなくなってきたので、今後、住職は要《い》らない」という決断をしたわけです。

つまり、「お寺の管理は自分たちでやればできる」ということです。

大川隆法　厳しいですね。ある意味では、宗教界全体が厳しいですね。

神武桜子　はい。

「葬式仏教《そうしき》」では、根本的なものが分からなくなってきている

大川隆法　特に宗教学者や、それに近い人たちも、「戒名《かいみょう》をつけるのにお金を数百万円も取る」とか、「供養《くよう》代や葬式《そうしき》代、法要《ほうよう》代などが高すぎる」とか、いろいろと言っています。そのため、そういうものをすっ飛ばして、「自然葬」とか、「海に行って灰を撒《ま》くだけ」とかいうことが流行《はや》ってきているわけです。

このように、「非常に節約に入られ始めた」というところが、お寺にとっても厳しいあたりでしょう。

もともと、「葬式仏教」というのは、釈迦《しゃか》の時代にあったわけではないのですが、長年、仏教として生活を続けていくために寺院ができて、そうした習俗《しゅうぞく》的なものも取り込《こ》んで続いていくようになりました。そのためにできてきた智慧《ちえ》かとは思うのですが、「それが破られてきつつあるのかな」という感じがしますね。

もちろん、お坊《ぼう》さんが説法できれば、お寺としては維持《いじ》できるのでしょうが、「もうすでに、説法で人が呼べるようなお坊さんがいなくなってきている」というところでしょうか。

神武桜子　はい。

大川隆法　仏教系の大学でも、「死んだら、あの世はない」というようなことを平気で教えていますし、「霊魂《れいこん》はない。それが釈迦の教えだ」などと教えているところもありますが、そこで僧侶《そうりょ》の資格が取れて、得度《とくど》できるのです。

しかし、「あの世がないのに、供養をする」というのは、ありえない感じですよね。亡《な》くなった方の供養や、一周忌《き》、三回忌、七回忌などとやっていますが、それも意味のないことになります。「それは、単なる〝儀式代《ぎしき》〟である」ということであれば、生活が苦しくなり、税金が増えていこうとしているなかでは、簡素化して楽をしようとする向きが出てきますよね。

要するに、「根本的なものが分からなくなってきている」というところが大きいのでしょう。

神武桜子　はい。「目に見えるもの」だけしかやらなかったら、「宗教家でなくても、ほかの人でもできる」と思われて、宗教が廃《すた》れていってしまうのではないかと思いました。

「お墓《はか》が高層マンションに建て替《か》わる」という現代化の波

大川隆法　私たちの本拠地《ほんきょち》があるあたりも寺町《てらまち》というか、宗教町ではあるのだけれども、何年かやっていると、どんどんお墓《はか》などが取り潰されて、高層マンションョンに建て替《か》わっていっているんですよ。

それは、お墓よりもマンションを建てたほうが収入になるからです。お寺はだんだんお墓を畳《たた》んで、どこかに集め、集合のものにするのかもしれませんけれども、やはり、「他のものに土地を使ったほうが、経済的にはよい」ということでしょうか。

ですから、お墓があったところに大きなマンションがたくさん建っています。そこに来る人は、よそからやってくるのでしょうから、「『元はお墓だった』ということを知らない人たちは平気で住める」ということでしょうかね。

池袋《いけぶくろ》のサンシャイン60は、巣鴨拘置所《すがもこうちしょ》やその処刑場跡地《しょけいじょうあとち》に建てられ、以前は「幽霊《ゆうれい》が出る」などという噂《うわさ》がよく立ったのですが、最近になると、そんな話も出なくなりました。お墓の上などにも平気で住めるようになってきているのでしょうか。それくらい、「現代化の波」というのは、厳しいものがあるのかなと思いますね。

「目に見えない世界」が分からなくなっている現代の無明《むみょう》

神武桜子　幸福の科学は、かなり、「目に見えない世界の実証」をしているので、本当に宗教界を救う救世主であると思うのですが。

大川隆法　というか、「目に見えない世界なくしては、成り立たない宗教」になっているところはありますよね。

つまり、「どのようにして、目に見えないものを見えるようにするか。あるいは、理解してもらうか」というところを試《こころ》みているわけですけれども、確かに現代では苦戦するところがあります。テレビで観《み》るように、パッとできない部分が難しいところなのです。

それにも理由はあるわけです。「目で見えて、手で触《さわ》れるもの以外は信じられない」というのが、現代科学でもあるし、現代に生きている人間の実感でもありますよね。ですから、「手で触れるものや、目で見えるものなどは、一切空《いっさいむな》しい」という考えから始まっている釈迦の教えそのものが、現代の常識とは合わないことになっているわけですね。

これは、釈迦の教えが古くなったのか、あるいは、釈迦の教えから見て、現代がまったく狂《くる》ったほうに流れていっているのか、そのどちらかですよね。

それで、幸福の科学のほうとしては、霊言集《れいげんしゅう》などを数多く出して、「『目に見えない世界がない』と思っているあなたがたのほうが、実は無明《むみょう》のなかを生きているのだ」ということを証明しているつもりでいるのですが、「まだ、流れとしては、こちらが多数になるのは厳しいのかな」と思っています。

3　幸福の科学の三十年の歩みを振《ふ》り返る

幸福の科学は、まだ〝基礎《きそ》工事中〟の部分がそうとうある

神武桜子　今年（二〇一五年）の二月ごろから四カ月間ほどエル・カンターレ信仰《しんこう》伝道局で働かせていただいたのですけれども、そのときに、幸福の科学は、日々、たくさんの神々に応援《おうえん》されているなという感じがしました。一見《いっけん》、この世では劣勢《れっせい》に見えるかもしれないんですけれども、本来はもっともっと力があるといいますか、主がいらっしゃり、これほどたくさんの神々が応援してくださっているので、その期待にもっとお応《こた》えしていきたいなと思っています。

大川隆法　まあ、〝劣勢〟という言い方もあるかもしれませんが、三十年も前に戻《もど》れば、幸福の科学の信者はゼロだったので、そこからここまでつくってきているという意味では、「劣勢」というよりは、「ゼロからつくって増えてきている」という考え方もあるわけです。

最初の泉が小さかったり、そこから流れる小川《おがわ》が小さかったとしても、川が中流になり下流になるにつれて、だんだんに大きくなっていくようなところもあるので、それだけでは、まだ簡単に決めてはいけないことかと思います。

私は、幸福の科学が始まる前の何年かも経験していますが、これほど偉大《いだい》な神様がたが次々と降臨《こうりん》されているのに、どうして奇跡《きせき》のように、大勢の人がパーッと集まったり、世の中を驚《おどろ》かすようなことがパッと起きたりして、急に注目を浴《あ》びるようなことにならないのかなと思ったことが、ずいぶんありました（注。大川隆法が大悟《たいご》してから幸福の科学の立宗《りっしゅう》までの間、仏陀《ぶっだ》、イエス・キリスト、天《あま》照大神《てらすおおみかみ》、天御中主神《あめのみなかぬしのかみ》、天台智顗《てんだいちぎ》、日蓮《にちれん》などが次々と霊示《れいじ》を送ってきた）。

それは、わずか数年間のことであったんですけれども、その間に、人間としての修行《しゅぎょう》、「悩《なや》みや苦しみ、努力などを経《へ》て、かたちをつくっていく過程」としてあったのかなと思います。そして、自分自身の悟《さと》りも磨《みが》かねばならない時期でもあったので、やはり、そういう過程を経ずしては、人に語るべきものはなかったと思っています。

つまり、「それほど偉《えら》い神様がたがいろいろと出ているのに、霊的《れいてき》現象としてパッと出てこないじゃないか。いきなりポーンと空中に神殿《しんでん》が現れたり、金貨の雨が降ったり、ダイヤモンドの雨が降ったりはしない。残念だなあ。それだけの神様がいるのであれば、そういうことが出てきてもいいのに」と思うけれども、そのような横着《おうちゃく》なことは許されず、やはり、「人間的努力のなかで、成功感覚を確かめながら進んでいけ」ということだったのでしょう。

今、振《ふ》り返ってみれば、その五、六年の準備期間も、それほど長いものではなく、その後を見れば、そうした準備期間がなければ、とても無理だったのではないかと思います。あとから立てていく事業がけっこう大きなものを目指していたので、やはり、どうしても基礎《きそ》工事の部分が必要だったという感じはしますし、これからも、まだまだ大きくなろうとしている部分はあります。

ですから、「劣勢」と考えるのではなく、「今はまだ〝基礎工事中〟の部分がそうとうある」と考えなければいけないでしょう。

ただ、人間の見解として、信じていない人が多いような部分については、やはり思想戦・言論戦で引っ繰《く》り返していく戦いを、延々《えんえん》と続けなければいけないのではないかとは思っています。

現代教育で洗脳されたことの自己点検から始まった幸福の科学

神武桜子　総裁先生はゼロから宗教をつくられましたが、どのようなところに気をつけてこられたのでしょうか。

大川隆法　私自身も現代教育を受けてきた者ではありますし、現代教育には科学的な合理性のようなものがそうとう入ってきているので、自分自身がそういう教育で洗脳されている部分もあったとは思うんですよね。

そのため、自分自身の〝疑《うたが》い〟や〝常識〟と思われるもののなかで、実際とは違《ちが》うと思うものを取り外《はず》していく作業もあったような気がするんです。

「これだけは疑えず、どうしても残る」という原点の部分が見えてきたときに、幸福の科学の始まりはあったように思います。

確かに、現代の教育では、迷信《めいしん》や伝承《でんしょう》や神話などは別としても、宗教を学問的なものや科学的なものとしては、ほとんど捉《とら》えていないところがあるし、宗教学自体も、すでに文献学《ぶんけんがく》的になってしまっているところがそうとうあるのです。

ですから、私自身にもそういう時間は必要だったと思うし、あるいは、この世の人間として、ある程度は経験しておかなければ、人間の持っているところの悩みや苦しみ、あるいは、「人間が必要としているものは何か」といったものが見えないでいたところもあると思います。

私自身としては、いろいろな試行錯誤《しこうさくご》があったとしても、すべては将来のための試《ため》しであり、自分の剣《けん》を磨いている部分でもあったのかなと思っています。

今となっては、一流の人々もそうとう集まってきていますし、あなたのように優秀《ゆうしゅう》な女性も、すでに当会に来ているわけです。

おそらく、ある程度の組織が出来上がらなければ、そのようなことはなかったと思いますので、やはり、この世的ではあるけれども、この組織運営の能力も必要であったのではないかと思っています。

教団運営に対する批判や不満による、「この世的な躓《つまず》き」は多い

大川隆法　当会といわず、ほかの宗教などを広く見るにつけても、「宗教自体がおかしい」とか「教えがおかしい」などというわけではないのに、運営のところでこの世的に躓《つまず》いてしまったがゆえに、異端《いたん》や邪教《じゃきょう》として扱《あつか》われているようなところが、かなりあるように思います。

純粋《じゅんすい》に宗教をやっていれば、それを突《つ》き詰《つ》めているだけなのに、この世的な運営形態や考え方などと合わないために、疑いを持たれたり、世間《せけん》から攻撃《こうげき》を受けたりして、離《はな》れていく人が跡《あと》を絶たないところも多いのです。

ですから、「教えの内容」に疑問や不満を感じているのか、それとも「教団運

営」に不満を感じているのかを、本当によく見極《みきわ》めなければいけないと思っています。

確かに、教団として一定の規模を持ってやっていれば、ある程度、運営の部分は固まってしまうけれども、大きくなっていく過程ではどんどんイノベーションが起きてくるのです。

そうしたことは、会社などでも、この世的に難しい問題があるのですけれども、宗教であっても、イノベーションが起きて大きくなっていくときには、運営上、どうしても、百人が百人、納得《なっとく》するようにはならないところが出てきます。

そういう運営上の不満から、批判したりやめたりするような人と、あるいは、「教えが違っている」と思って批判してやめていく人と、このあたりをよく峻別《しゅんべつ》しなければいけないわけです。

マスコミなどが宗教を批判するのは、たいてい、その運営の不手際《ふてぎわ》のような部分が多いのですが、これは、労働組合の人たちが会社の経営などを批判するのと同じような論理で宗教を批判しているので、これは多少違うところがあるのです。

「霊的《れいてき》であること」と「組織運営」の違《ちが》いを知る

大川隆法　例えば、仏教であっても、釈迦《しゃか》は、人生の後半のほとんどにおいて、教団内の信者、あるいは出家僧侶《しゅっけそうりょ》同士の見解の相違《そうい》等の調停《ちょうてい》に、そうとうのエネルギーを費《つい》やしていることは明らかなんです。

何か揉《も》め事があるたびに、戒律《かいりつ》を制定したり、裁定したりしていたけれども、それもだんだんお手上げになっていったんですね。両者とも言い分があって、もうどうにもならないこともそうとうありました。

やはり、「内容の純粋さを出して広げていくこと」と、その組織ができてくる過程において、「組織の運営を正常化する能力」とは、若干《じゃっかん》違うものがあるので、宗教をする者は、このあたりのところをよく知っていなければいけないと思います。

例えば、キリスト教のイエスの生涯《しょうがい》を見るにつけても、やはり、組織がつくれるような人がいなかったというか、そういう意味での弟子《でし》の能力に欠《か》けている部分がかなりあったように私には見えますし、そのために、イエスが十字架《じゅうじか》に架かっていく必然性が出てきた面もあると思うんです。

イエスは、ものすごくインスピレーショナブルで、啓示《けいじ》が降りてダーッと〝走って〟いたし、民衆の多くは、それで歓喜《かんき》し、興奮していたんだけれども、やはり、それを支えるだけの教団力がないために、彼が十字架に架かってしまうのを止めることができなかったところがあるわけです。

それは必然と言えば、そうなのかもしれませんが、この世的に、もう少し上手《じょうず》にやることができないわけでもなかったと思うところはあります。

例えば、幸福の科学であれば財務局や経理局がありますが、イエスの時代にはユダ一人が財布《さいふ》を握《にぎ》っているような状況《じょうきょう》でした。したがって、そこに裏切られると、教団を売られてしまうことだってあるでしょう。

その意味では、やはり、「霊的《れいてき》である」ということと、「この世において組織をつくり広げていく」ということの違いや難しさはあるのではないかと思います。

現代的システムは伝統的なものを維持《いじ》する力になりえていない

大川隆法　今、寺院は、コンビニエンスストアの数と比べられることがよくあります。

昔から、「檀家《だんか》が百軒《けん》ぐらいあれば、お寺一軒ぐらいを何とか養《やしな》える」と言われていたのですが、今は、もはや檀家がもともとの檀家的な意識を持っていないというか、「生まれつき、そのお寺に自分の家のお墓《はか》がある」という以外、何にも考えていない人が多くなってきました。

もし、多少、信仰心のある檀家が百軒あれば、お寺を支える力はあるのでしょうが、信仰心は持っていないし、現在では、転勤などで、マンション族が移動していくので、いろいろと住居が変わることもあり、お寺への帰属心《きぞくしん》が減ってきています。おそらくこれが、お寺が潰《つぶ》れる原因になっているのでしょう。

つまり、現代的システムは、そのような伝統的なものを維持《いじ》する力にはなりえていないところがあるのかもしれません。

神武桜子　はい。

三十年生き延びた宗教は〝市民権〟を得られる

神武桜子　幸福の科学は、来年で立宗三十周年になります。

大川隆法　そうですね。三十周年ですね。

神武桜子　一世代《ひとせだい》の期間を……。

大川隆法　まあ、一つの目標ではあったんですがね。幸福の科学を始めたときも、「とにかく三十年粘《ねば》り抜《ぬ》けたら、とりあえず、宗教としての一通りの〝洗礼《せんれい》〟はだいたい終わるのではないか」と思ってはいたのです。

新しく始めた宗教は、初めは、「雨後《うご》の筍《たけのこ》のようだ。次々と出てきて自由なことをやっているけれども、おかしなところはいっぱいある」などと言われて批判され、よく叩《たた》かれます。こういうところはたくさんあります。

ただ、私が観察していて思うのは、「初期のころには叩かれていた宗教でも、三十年生き延びると〝市民権〟を得てくる」ということです。

その〝市民権〟を得たもののなかにも、やはり、多少問題があるものもあります。しかし、運営の仕方が上手だったり、あるいは、問題が表に出ないように、うまく見えなくするための仕組みができたりして、三十年ぐらい生き延びると、叩かれることもなくなって、〝市民権〟を得ているようなところがかなりあるようなのです。

ですから、三十年というのは一つの「仕切り」ではないかと思うし、本当は、学校や政治関係などにかかわるのにも、三十年というのは一つの「仕切り」、「区切り」なのではないかと思ってはいるのです。そういうものには、だいたい認知度が要《い》るんですよ。

自分が大人になる過程のときにはまだなかった宗教は、あとからできても信じないですよね。

神武桜子　そうですね。

大川隆法　ところが、「子供の時代からすでにある宗教」となれば、「ああ、これは昔から見ている」ということで、みな信じるようになってきます。その最低限のところが、三十年ぐらいなのではないかという気はするのです。

三十年もたてば、だいたい一通りの試しは通り越《こ》してくるので、宗教としての〝市民権〟を得やすい段階まで来るのではないかと思います。

ただ、それからさらに大を成《な》すか、その規模で維持していくのみなのかは、またそれぞれですけれどもね。

4　宗教者が歩むべき「宗教の本道《ほんどう》」とは

宗教性や信仰心《しんこうしん》が薄《うす》くなっている現代の宗教家たち

神武桜子　幸福の科学では、今、教育事業や政治活動、国際活動など、グループ事業をいろいろと展開し、活動範囲《はんい》を広げていっていますが、これからもっと広がっていくためにも、宗教の部分で、もう一段信仰心《しんこうしん》を高め、強い組織にしていきたいと考えています。

大川隆法　それは、一つには、「宗教以外のものが、宗教を信じていないから批判をしている」というような面があり、こちらはよく目につくことではあります。

ただ、もう一つには、「宗教の内部、宗教をしている者自身のなかにある、宗教性や信仰心の部分が薄《うす》すぎる」という面もあるのではないかと思うのです。

すなわち、「伝統芸能レベルでの宗教」というものがそうとうありえて、宗教をしている人たち自身に、宗教の本当の意味を信じていないところがあるのではないでしょうか。そういうものは、幾《いく》ら数があっても、実際上は力にならないところがあります。

ですから、宗教自体が、自分たちの力や存在の意味などを理解していないところがあるわけです。そうすると、やはり、一般《いっぱん》の人の信仰心は落ちますよね。

例えば、住職《じゅうしょく》さんが、「死んだら魂《たましい》なんかないよ」「死んだら何もかも終わりだよ」「焼き場で焼いたら終わりだよ」と言っているようなところもあります。一般の信者のほうは、「そんなことはないでしょう。あの世はあるのではないですか」と思っているのに、住職が出てきて、「死んだら何もかもなくなるんだ」

というような法話《ほうわ》をされたら、やはり、カクッときてしまいますよね。

神武桜子　はい。

大川隆法　それで、三回忌《き》とか十三回忌とかをしているのを見ると、本当に「何をやっているんですか」と言いたくなります。

「いや、遺《のこ》された遺族のみんなが集まって、ご飯を食べたりお酒を飲んだりする、集《つど》いの機会をつくっているんだ」とか、そういう情緒《じょうちょ》的な話で終わっているレベルだったら、やはり、宗教としての力は出ないでしょう。

要するに、「天国あるいは極楽《ごくらく》と、地獄《じごく》のようなところがある」ということを、実感として分からない宗教家が多くなりすぎたということです。

「昔の話としては聞いたことがある」とか、せいぜい、「源信《げんしん》の『往生要集《おうじょうようしゅう》』ぐらいのレベルのときまでは出ていたかもしれないけれども、それからあとはよく分からない」という程度で、「民間信仰的なものしか分からない」というところでしょうか。または、「怪談《かいだん》みたいなものしか分からない」という程度でしかなく、正統的な宗教としての「あの世観」、あるいは「この世の意味」を説くことのできない宗教家が多すぎるところが問題なのです。

したがって、私たちの活動には、そうしたプロの宗教家たちの内部改革を推《お》し進める力もあるだろうと思います。

例えば、幸福の科学からは、日本神道《しんとう》系の霊人《れいじん》の霊言《れいげん》、神示《しんじ》も出ていますけれども、神社系統の人たちは、逆に、そういうものを読んで、「やはり、そうであったのか!」と言っています。「当神社の神様として祀《まつ》っている人は、やはり、いらっしゃったのか!」とか、「そんなお考えだったのか」などというようなことを知って初めて、自分たちがしていることの意味が分かったというような人が大勢いるわけです。

こういう意味では、幸福の科学は、ユニバーサルというか、グローバルな宗教だと思いますね。宗教の枠《わく》を超《こ》え、教団の違《ちが》いや国籍《こくせき》も超えて、いろいろなところに通用する教えを説いているのではないでしょうか。

霊的《れいてき》なものに対しては物質的なものは通用しない

神武桜子　今、「ユニバーサル」というお言葉が出ましたけれども、今日の午前中に、次のようなお話を聞きました。

最近までアメリカのニューヨーク支部にいた職員が、今、帰国していまして、その職員から聞いたのですが、「ニューヨークには、ジューイッシュの方、ユダヤ系の方がけっこういらっしゃるが、そういった方たちにニーズがあるのは、実は、エクソシスト、降魔《ごうま》のところだ」ということでした。

大川隆法　ああ、なるほど。

神武桜子　「悪霊《あくれい》による障《さわ》りなどは感じるけれども、その降魔の方法が、ユダヤ教では分からない」ということのようです。

大川隆法　ああ、十分には説けていないかもしれませんね。ユダヤ教の流れを引いているキリスト教も含《ふく》めてですが、遺《のこ》っている文献《ぶんけん》を見るかぎりでは、十分なやり方は分からないと思います。

映画の「エクソシスト」を観《み》ても、十字架《じゅうじか》と聖水《せいすい》とラテン語の『聖書《せいしょ》』で戦うわけですが、あれは、原始的ですよね。もし私が悪魔だったら、もう、笑うと思います。

神武桜子　（笑）

大川隆法　「こんなもので勝てると思っているわけ？」「水を撒《ま》いたら怯《おび》えると思っているわけ？」という感じですか。

神武桜子　ええ。

大川隆法　十字架を見ても、「十字架ぐらいどこにでもありますよ。こんなもので怖《こわ》がると思っているわけ？」というところがあるし、たぶん、ラテン語の『聖書』に対しても、「今は、ラテン語が分かる人なんかいませんよ」と言うと思うのです。

神武桜子　はい。

大川隆法　私がもし悪魔側だったなら、そう思いますね。

こうしたものは、日本でも昔から、しめ縄《なわ》や盛《も》り塩《じお》、お祓《はら》いなど、いろいろあります。

わが家《や》でも、ときどき、「これで結界《けっかい》ができるかどうか」という実験を、いろいろとしているんです。

「盛り塩」といって、ピラミッドのように盛るための塩を売っているところもあるので、そういうことをしてみるのですが、やはり、悪霊などは、それを見て笑っています。

「これで怖がると思っているわけ？」と笑っているので、「ああ、これでは駄目《だめ》なんだな」ということが分かりました。

それから、しめ縄のようなものがあると、悪霊などは入ってこられないのかと思ったら、それは、いちおう儀式《ぎしき》の一環《いっかん》であって、そんなものは通過自由であるわけです。

やはり、あくまでも、そういう儀式をしたりする人たちに、「法力《ほうりき》」というか、修行《しゅぎょう》を通じての「神通力《じんつうりき》」のようなものが備わっていればこそ、そういう力が出てくるのであって、それが何もなしで「物だけに力がある」と思うのは、ちょっと危《あや》ういですね。

また、エクソシストの亜流《ありゅう》の映画等を観ても、「鉄を怖がる」とか、いろいろ出てくるのですが、この世の物質などはすべて通り越《こ》してしまうので、まったく役に立ちません。霊的《れいてき》なものには、まったく通用しないのです。

ですから、何か勘違《かんちが》いをしているのではないかと思います。

宗教修行《しゅぎょう》を通して、まずはこの世以外の世界の存在を知る

大川隆法　キリスト教やユダヤ教においても、本当は、『聖書』に書いてあることを素直《すなお》に受け取ったほうがいいと思うんですよ。悪魔は、「神への信仰心」とか「清い心」とか、そういうものに怯えを感じるんですね。イエスも、「清らかな心を持てば、神を見ることができる」と言っています。

ただ、こうしたことは、文字を読んでいるだけでは分からないんですよ。「心が清らかな者は神を見るだろう」と言われても、一般的には意味不明なのです。

神武桜子　ええ。

大川隆法　ところが、宗教修行《しゅぎょう》をしてみると、これが本当のことだということが

分かるわけです。

これは、窓と一緒なんですよ。窓が曇《くも》っていたら外の景色は見えないけれども、窓の汚《よご》れを取れば、外の景色は見えるようになりますよね。

そのように、肉体というのは一種の家のようなものなので、そのなかに入っているうちに窓が汚れて、外が見えなくなっていきます。これは、「家のなかの生活がすべてだ」と思っている人にとっては、外の世界が見えなくなってくることを意味しているのですが、窓をきれいに掃除《そうじ》すると、外の景色が見えてくるようになる。外に大きな世界が開《ひら》けているのが見えてくるようになります。

これは、つまり、「心を清くする」ということなんですよね。心の窓のゴミをきれいに取り去ることができれば、「外側にある世界」「精神世界」が見えたり、感じられたりするようになるわけです。

これは、一つ目の悟《さと》りです。「この世の私たちが実際に触《さわ》れたり、見えたりする世界以外の世界があるということを、信ずることができる」というのは、第一段階の悟りだと思います。

「神の光」で戦うことができれば悪霊《あくりょう》は退散する

大川隆法　もちろん、プロフェッショナルになってきたら、そんなものは当然のことであるので、この段階を乗り越えて、「どうすれば、この世的な不浄《ふじょう》、あるいは祟《たた》りや災《わざわ》いを起こすもの、イーヴル（邪悪《じゃあく》）な存在を遠ざけることができるような力を持てるようになるか」ということになってきます。

これに関しては、神に勝てるような悪霊《あくりょう》はいないわけですから、「神の光」で戦うことができれば、当然、彼らは退散しますよね。

「神の光で戦う」というのは、どういうことかということですが、まずは、神の光、霊流《れいりゅう》を自分に引けるようになることが大事です。そして、「どのように精神統一をすれば、神の光、あるいは仏の光が自分のなかに入ってきて、それを放射できるようになるか。いわゆる『道力《どうりき》』『法力《ほうりき》』が出るようになるか」、これをマスターするところが、修行の部分でしょう。これがマスターできれば、プロフェッショナルとして使えるようになるわけですね。

道教《どうきょう》で言えば、以前（一九八五年）に公開された映画「霊幻道士《れいげんどうし》」でも、法力を使って、ゾンビのようなものと戦うシーンがありました。

まあ、このあたりが、実際上、テレビや映画では描《えが》けても、宗教の世界ではまともに説くことができていないということですね。

宗教作家であっても奇跡《きせき》や神の存在を信じられない現代

大川隆法　キリスト教系の作家などでも、イエスが起こした奇跡《きせき》を、たとえか比喩《ひゆ》のように思っていて、「そんなことはありえない。もののたとえだ」と思っているような人が大勢います。信じることができないわけですよね。これは悲しいことです。

例えば、遠藤周作《えんどうしゅうさく》のような人でも、『沈黙《ちんもく》』という有名な小説では、「いくら祈《いの》っても神は答えたまわない」というようなことを書いていたと思います。この小説の登場人物は、鹿児島《かごしま》に上がったフランシスコ・ザビエルの流れを引いた修道《しゅうどう》士《し》たちだったと思いますが、「祈っても神様は答えてくださらない」ということを書いていました。

ところが、私などは、もう、神が饒舌《じょうぜつ》に答えてくださる状況《じょうきょう》にあります。

神武桜子　（笑）（会場笑）はい。

大川隆法　答えてくれないのは、自分がそこまで行っていないからでしょう。答えはあるのに聞こえていないだけであって、〝電話〟が不具合《ふぐあい》で聞こえない、〝テレビ〟が不具合で映らないという状況にあるだけなのです。

幸福の科学の精舎《しょうじゃ》では、それを感じ取る人は、職員でなくてもたくさんいるはずです。在家《ざいけ》の人でも感じ取る人はいると思いますが、そのように、神は答えたまうことがあるわけですね。

今は、宗教作家でもそういうことが全然分からない人が何人もいるため、すごく水増しした酒を、一生懸命《いっしょうけんめい》に売っているような状況でしょうか。

そういう意味で、やはり、不純物の入っていない純粋《じゅんすい》なものを、世間《せけん》に紹介《しょうかい》していく必要があるのではないかと思います。

5　救済を推《お》し進めるために必要なこと

宗教の永遠の課題である「精神統一と衆生救済《しゅじょうきゅうさい》の両立」

神武桜子　その「不純物の混《ま》じらない純粋《じゅんすい》なもの」というところを、大川隆法総裁はすごくこだわって生活されているのではないかと思います。

ただ、教団の裾野《すその》を広げていくに当たっては、やはり、この世とのぶつかりがあります。そういった部分と、純粋なものを保つべきところとのバランスを取るのがなかなか難しいと感じている人は、私も含《ふく》めて、多いのではないかと思うのです。

大川隆法　これは、宗教にとっては永遠の課題かもしれませんね。私も含め、精神統一をする人はみな、人混《ひとご》みから離《はな》れて静寂《せいじゃく》のときを持ちたいという気持ちを持っているんですよね。

人混みを離れて静寂のなかで、神といってもよいし、高級霊《こうきゅうれい》といってもよいし、仏といってもよいかもしれないけれども、そういう高次の存在と交流するような時間、空間を持ちたいという気持ちは、みな持っていると思うのです。

ただ、それだけであれば、確かに修行《しゅぎょう》には適しているかもしれませんが、「自分が何ゆえにこの世に生まれてきたか」という意義を、自分一人のものとして、この世を去ることになるわけですね。

仏伝《ぶつでん》によると、仏陀《ぶっだ》が悟《さと》ったときに、「自分が得た高次の悟りは、人に伝えても、とても分からないだろうから、このまま禅定《ぜんじょう》を続けて、この地上を去ってしまおう」と思ったことがあります。

しかし、そのときには、やはり、「梵天勧請《ぼんてんかんじょう》」というものが行われています。梵天に「いや、仏陀よ、そうおっしゃらず、世の人々の苦しみを抜《ぬ》くため、抜苦《ばっく》与楽《よらく》のために、御法《ごほう》をお説きください」と言われたのです。

梵天というのは、当時の高級霊の代名詞だと思いますが、梵天が勧請する、要するに、三回お願いしたことがありました。「こんな教えを説いても無理ではないか」と思っていた仏陀が、そうしたことを三回頼《たの》まれて初めて、「やはり、衆《しゅ》生救済《じょうきゅうさい》のために立ち上がらなければいけないのだろうか。自分一人だけの真理にしておいてはいけないのだろうか」と考え、重い腰《こし》を上げたのです。

多くの人たちを救う「下化衆生《げけしゅじょう》」の使命を持っていた仏陀《ぶっだ》とイエス

大川隆法　要するに、これは、「自己認識の問題」でもあると思うんですよ。その当時であれば、山林《さんりん》で修行している人は、たくさんいたでしょう。そういう山林修行者たちには、霊的《れいてき》な自覚ができたあたりで、だいたい、人生の目標が達せられた人が多かったのではないかとは思うのです。ただ、仏陀《ぶっだ》が持っている使命は、そんな程度で終わるものではありません。

つまり、「もっと多くの人たちを救うという下化衆生《げけしゅじょう》の使命があるのだ。『上求菩提《じょうぐぼだい》』、悟りを求めるだけでは済まず、『下化衆生』、あえて衆生のなかに入って、人々を救わなければいけない使命があるのだ」ということを悟ったかどうか。そういう問題でしょう。

仏陀は、そうした高級諸神霊《しんれい》から、「法をお説きください」「法輪《ほうりん》を回してください」と三回お願いされ、「そこまで言うのならば、やはり、やらなくてはいけないかな」と思い、伝道を始めたのです。

しかし、「人と接触《せっしょく》する」ということは、「この世との接触」ということになるので、あるいは一人山林のなかで悟った気持ちが汚染《おせん》され、駄目《だめ》になる可能性もありました。そういうなかで、伝道しなければいけなかったわけです。

また、『聖書《せいしょ》』のなかには、「イエスも、この世の人々を救いたい気持ちを持っているものの、やっているうちに力が失われていく」という話が、よく書かれています。

イエスには、大勢の人に対して説法《せっぽう》をしたり、あるいは、祈《いの》られたり、病気治しを頼まれたりしているうちにエネルギーが減《げん》じていくのを感じて、山のなかなどに退《しりぞ》き、一人になったりするときがありましたが、「力を充電《じゅうでん》する必要があった」ということだろうと思うのです。

それは、「その人の使命がどこまであるか」にもよるでしょう。ただ、〝独《ひと》り禅《ぜん》〟で終わっていい人もいるとは思いますが、もっと使命が大きいという人の場合、やはり、それでは済まされません。

「宗教家」と「超能力者《ちょうのうりょくしゃ》」を分けるものとは

大川隆法　最初に教えを広げていく際には、一人で伝道するしかないのですが、やっているうちに、「信仰《しんこう》」と「伝道」を手伝うための組織ができてきます。そして、この組織が、悟りたる者を護《まも》ると同時に、その機能の一部を担《にな》って、この世における、いろいろな汚染、あるいは妨害《ぼうがい》など、こういうものを押《お》しのけながら進んでいく力になってきます。そういう意味での組織も、できてくることがあるわけです。

なお、世間《せけん》の一般《いっぱん》の評価として、「宗教は、組織をつくるとおかしくなる」というような言い方をすることもよくありますが、ここが分かれ目なのでしょう。

悟りを開く段階においては、ある意味で、必ずスーパーナチュラルな経験をしますが、それが個人でとどまったならば、「超能力者《ちょうのうりょくしゃ》」で終わるのです。

「超能力者」と「宗教家」には違《ちが》いがあるわけで、「超能力者」の場合は、自分一人の悟りであって、そのスーパーナチュラルな能力を披露《ひろう》できれば、それで済みます。

しかし、「宗教家」になってきたら、やはり、医者が病人を救うがごとく、現実の悩《なや》みや苦しみを持つ人々を助けていかねばなりません。そのために、「教義」というものがあります。要するに、宗教家には、「教義」と「信仰心」の両方で、人々を救っていくという仕事が、現実にあるわけです。

これについては、仏教でも、「小乗《しょうじょう》」と「大乗《だいじょう》」で考えが分かれる面があるので、大衆布教《たいしゅうふきょう》まで入《はい》れるかどうかには、一定の抵抗《ていこう》線があるとは思います。

いずれにしても、使命の問題でしょうね。

「人々に感動を与《あた》える言葉」を使うために大切なこと

神武桜子　幸福の科学の教えを広げていくに当たっての武器は、「信仰心」と「言葉の力」だと思うのですが、私《わたくし》から見ると、総裁先生は、非常に「切れる言葉」をたくさん持っていらっしゃると感じます。

「そういうお言葉を探しながら生活されているのかな」とも思ったのですが、そのあたりはいかがでしょうか。

大川隆法　知識的な面については、勉強することは多いですが、「言葉を探している」というようなことは、そんなにあるわけではないですね。そういう、インスピレーショナブルな言葉自体は、やはり、天上界《てんじょうかい》から響《ひび》いてくることのほうが、実際は多いかと思います。

知識そのものを増やす場合、この世的なもので勉強することは、いくらでもできるでしょう。例えば、本を読んだり、テレビを観《み》たり、新聞を読んだり、いろいろな情報に接することで、知識自体は拡大できます。

しかし、そうした知識を媒介《ばいかい》にして、一定の洞察《どうさつ》ないし見識を人々に伝えるに当たっては、やはり、天からの啓示《けいじ》のような言葉が身に臨《のぞ》んでくることはあるし、考えずして言葉が巧《たく》みに出てくることはあるので、これは一つの、職業上の才能に当たるのかもしれません。

宗教家は基本的に、みなおしなべて詩人なので、言魂《ことだま》の力を、十分に使える人たちが多いのではないかと思います。

先般、アメリカのキング牧師《ぼくし》の生涯《しょうがい》の一部を描《えが》いた映画が流行《はや》りましたよね？

（「グローリー／明日《あす》への行進」〔二〇一五年六月、日本公開〕）

神武桜子　はい。

大川隆法　彼は、主の栄光を、黒人解放運動のなかで実現しようとした方です。

以前、私は、「キング牧師の有名な演説を聴《き》いていると、イエスの臨在《りんざい》を感じるよ」と言っていたのですが、総裁補佐《ほさ》が、キング牧師の説法と、私が海外で行《おこな》った、イエスが降りてきているときの英語説法とを比べてみて、「波動《はどう》がよく似ている」と言っていました。

やはり、ここいちばんの大事なときに、人々に対して感動を与《あた》えるためには、天上界からの啓示が降りてくるということがあるのだと思います。

ただ、地上にいる人間の側にも、天上界とつながるパイプが詰《つ》まらないようにする努力が必要でしょうね。

「信じる力」にも段階がある

神武桜子　「天上界から光を引いて説法する」ということがなかなか難しく、苦しんでいる職員も多いと思います。ただ単に、「知識を話してしまっている」とか、「情報を話してしまっている」とかいうようになりがちなので、説法に関して、何か秘訣《ひけつ》を伝授いただければ幸《さいわ》いです。

大川隆法　本当は、「信じる力」にも段階があるのではないかと思うんですよ。例えば、宗教団体の職員になって、修行を積み、教育を受けているうちに、一定の信仰レベルまでは、階段を上がってくるでしょう。

しかし、自分を取り巻く周《まわ》りの世界、支部精舎《しょうじゃ》なら支部精舎を出た周りの世界には、それとはまったく関係のない世界が広がっているわけです。そのなかを生きているうちに、世間の波動というか、考え方等に影響《えいきょう》される部分は、そうとうありますよね？

そうすると、教団のなかで教わったことがあっても、外から影響を受けて、それと変わっている部分とを、どのように調和させるかという努力が必要になってきます。そして、この世的な部分に合わせなければいけないところも出てくると思うのです。

例えば、結婚《けっこん》している人の場合、子供が学校に行き始めたら、世間との遊離《ゆうり》が、まずできなくなってくるでしょう。幼稚園《ようちえん》でも小学校でもそうですが、世のお父さん、お母さんがたとの付き合いや学校の先生との付き合い、その他、塾《じゅく》との付き合いなど、いろいろ始まるからです。

そのため、この世の価値観から、完全に離れることはできなくなるし、世間のいろいろな声が聞こえてくるようになります。

そういう意味では、完全に、教団のなかの価値観だけではいられなくなってくるので、「信じている」というレベルにも、かなり段階があるのではないかと思うのです。

疑《うたぐ》り深い聖《せい》トマスに見る「信仰心《しんこうしん》のレベルの差」

大川隆法　また、信仰《しんこう》するレベルが低い場合、もし、目の前で奇跡《きせき》を見たとしても、習慣的には、思考が否定するほうに回ってきます。「たまたまなのではないか」とか、「偶然《ぐうぜん》なのではないか」とか、「勘違《かんちが》いなのではないか」とか、そういう程度に思ってしまうことがあるわけです。

こうした実例は、『聖書』を読んでも出てきます。『聖書』には、聖《せい》トマスといわれる人について、「『イエスが復活したと言われても、俺《おれ》は信じない。手に打たれた釘《くぎ》の穴や脇腹《わきばら》に刺《さ》された槍《やり》の痕《あと》などを、実際に、この手で触《さわ》ってみないかぎり、俺は信じられない』と言っていたところ、イエスが現れて、『触ってみよ』と言われた」という話が書かれているのです。

これは、あまりにもリアルで説得的なので、後世、かなり書き加えられた可能性が、そうとう高いのではないかと思うし、イエスの弟子《でし》で、そこまで情けないということは、あってはならないのではないかと思うのですが。

ただ、合理的、科学的な思考を持ちすぎていると、そういう人もいることはいるでしょう。

「いったん死んだ人が蘇《よみがえ》った」というと、「それは、いわゆる蘇生術《そせいじゅつ》の一種で、一時期、死んでいるように見えるけれども、生き返ることがあるのだ。いったん死んだように見えるけれども、実際は死なないような薬もある。そういうものの間違いではないか」と言う人もいます。今で言えば、「脳死状態だと言ったのに復活した」とかいうことがあると、「判定に何か間違いがあったのではないか」

などと考える人は、やはりいるわけですね。

とにかく、あくまでも、個人として、信仰のレベルを自問自答しつつ階梯《かいてい》を上がらなければ、駄目なのではないでしょうか。

同時代に生きていて、直接、私の話を聴いたり、見たりしておりながら、「信じられない」という人もいれば、同時代ではなくて、直接、見ることも聴くこともないのに、時空間を超えて信じることができる人もいるのです。

これについては、その人の持って生まれた使命や、その人が転生《てんしょう》を重ねた結果の、「悟り」の〝種《たね》の部分〟にも関係はあるかもしれません。

やはり、教団が大きくなっていく過程で、そうした悟りのレベルの高い人が、然《しか》るべきところに就《つ》いていくように入れ替《か》わっていくのが筋《すじ》だろうとは思います。

6　宗教の主力に女性が多い理由

神の恩寵《おんちょう》をそのまま受け入れられる感受性の強さ

神武桜子　信仰心《しんこうしん》については、豊受大神《とようけのおおかみ》の霊言《れいげん》のなかで、「女性は、信仰の担《にな》い手なのだ」というお話がありました（『豊受大神の女性の幸福論』〔幸福の科学出版刊〕参照）。「今までの歴史のなかで、女性の社会的地位はそんなに高くないけれども、その分、信仰の担い手だったのだ」というお話があって、とても感銘《かんめい》を受けました。

いちおう、今世《こんぜ》は、私も女性ですので、「信仰の担い手でありたいな」と強く思っています。

大川隆法　（霊言は）それぞれ、一人ひとり、個性がある人の考えなので、全部に通用するわけではありませんが、一般論《いっぱんろん》として、今、宗教の担い手の七割以上が女性であることは多いですね。どこの宗教でも、そうなっているでしょう。

それは、生活、あるいは職業形態とも関係があるかもしれません。

ただ、それを超《こ》えて、やはり、女性のほうが感受性が強いという面はあるかと思います。

どちらかといえば、男性のほうが、理性的、知性的な頭脳を鍛《きた》える方向で、勉強も仕事もしていることが多く、女性のほうが感性的なものを持っているのです。

感性的なものを持っていることと、受胎《じゅたい》、つまり、子供を宿《やど》すことができることとは関係があり、女性に感性的なものがなくなると、そうした、他の魂《たましい》が体のなかに宿るということが起きにくくなってきます。要するに、男性的なものだけだと、霊的《れいてき》な波長《はちょう》が合わなくなってくるので、受胎しにくくなるわけです。

女性には、どうしても感受性が強く、ある意味で受け身で、ある意味で神の恩《おん》寵《ちょう》をそのまま受け入れられるようなところが、基本的に残っています。

そういうところが、「宗教に対する親和性が、やや強い」というかたちで出ているのではないでしょうか。

しかし、現代では、教育や職業の構造も、そうとう変わってきているので、それが昔と同じように言えるかどうかは分かりません。

男性型の勉強を、あまりしすぎた女性のなかには、豊受大神のような言い方に対して、反発するような人も出てきますね。

神武桜子　はい。

大川隆法　「女性は受け身で、インスピレーショナブルで、神様の声が聞こえやすい。男性はそうではないのだ」と言われて、反発する方もいます。

ただ、現実には、宗教の世界にもキャリア女性はわりに多いんですよ。また、新興宗教といわれている新しい宗教の場合、教祖の五割以上が女性になりますから、ほかの世界に比べれば、はるかに多いですよね。男性がつくっている社会のなかで、会社の社長の半分以上が女性というところは、どの業界を見ても、あまりないのではないかと思います。女性専用の何かをつくっているとか、そういうところだったらあるかもしれませんが、それ以外のところでは、めったにないことでしょう。

やはり、「霊感を受けやすい」という意味で、女性には、一種の特殊《とくしゅ》な能力が備《そな》わっているのではないかというところはあります。

また、知識的に、善悪を見抜《みぬ》いたり、知識的に相手の人物を見抜いたりするだけではなくて、直感的に、「善悪」や「相手の人柄《ひとがら》」を見抜くような力が、宗教では非常に必要になってくるのですが、女性には、そういうところがあると言えると思うのです。

霊界《れいかい》から指導されている幸福の科学の組織運営

司会　日本の歴史を見ますと、女性が上に立ったときに国が治まってきたということもありましたが、幸福の科学において、今、神武理事長が女性としてトップに立たれました。

そこで、女性がトップに立っていくということに関して、大川総裁から、お教えを頂ければと思います。

大川隆法　この前、女性幹部の一人から話を聞いたのですが、他の会社に勤めたあとに出家《しゅっけ》し、途中《とちゅう》から当会に来た方の意見では、「幸福の科学のような組織は見たことがない。こんな組織は日本では、ちょっとありえないですよ。信じられないような組織です」とのことなので、「ああ、そうなのかな」と思いました。

幸福の科学は、非常に柔軟《じゅうなん》な組織で、形態を変えながら生き続けているような組織なのです。

男性で管理職適齢《てきれい》の人を理事長に据《す》えても回るし、二十代の女性を理事長に据えても、きちんと回っていく組織になっています。

普通《ふつう》のところであれば、いろいろと抵抗《ていこう》や反発も多いのでしょうが、当会は、霊界《れいかい》から指導されている団体であるので、「指導霊団が、『それがいい』とお決めになったのならば、文句《もんく》はありません」というような感じで、さまざまなかたちの組織の形態を受け入れるところがあるのです。

それから、(役職が)上がることもあれば下がることもあり、人の位置もいろいろ変わりますが、この世的な会社のやり方とは、かなり違《ちが》います。

その理由にも、いろいろあるのです。

もちろん、「指導力がある」というような、どこにでも通用する考えの場合もあれば、「霊的に覚醒度《かくせいど》が高い」、「霊格《れいかく》が高い」、あるいは、「過去世《かこぜ》で力を持っていたような方が出てきておられるから、その力を使わなければいけない」というような理由があることもあります。そのように、さまざまな理由があって、そうなるのです。

その理由を、みなさんにすべて説明するわけではありません。ただ、ある程度受け入れ、そのときそのときに全力を尽《つ》くすようなところがあって、非常に変わった組織ではあるらしいのです。

おそらく、私自身が〝タコ足配線〟のような怪《あや》しげな存在であるために、「先生の好みが何なのか」といっても、みんな本当は分からないのではないでしょうか。

「そのときに示されたのが、そのときの好み」ということでやっているのかもしれません（笑）。考え方や方針を変えたり、あるいは、人を入れ替《か》えたりすることはありますが、「何かお考えがあってやっているんだろうな」というように見ているところもあるかと思います。

やはり、オールマイティーの方はいませんので、教団のその時期、その時期で、違った面を強く出さなければいけないところはあるでしょう。

ちなみに、今、テレビドラマを観《み》ていても、若くて、賢《かしこ》くて、強くて、美しい女性が主役を張って、男性とガンガンにやり合いながら活躍《かつやく》しているような作品が増えています。そういう意味では、当会のかたち自体は、世の中から見て、決して後《おく》れは取っていないのではないかとは思っているのです。

7 「安倍《あべ》談話」に見る〝日本教〟の実態

安倍《あべ》談話は「許せない」と語る神武理事長

司会　少し話が変わるのですけれども、先ほど、神武理事長から、「今日は最初、赤いカーディガンを着ていて、マグマが噴火《ふんか》しそうな感じであった」というようなお話もありました。

その背景には、今の日本の世相や、先日の安倍《あべ》談話等もあったと思います。今、幸福の科学は、「信仰心《しんこうしん》をベースとした宗教立国を実現していこう」ということで活動しておりますけれども、そのあたりについて、神武理事長からも何かお言葉がありましたら、教えていただけますか。

神武桜子　幸福実現党が、河野《こうの》・村山《むらやま》談話の白紙撤回《てっかい》と、新たな談話を求める署名を約三十三万筆《ひっ》集め、内閣府を通して安倍首相宛《あて》に提出していたのですけれども、安倍首相の談話を生中継《なまちゅうけい》で観《み》まして……。

大川隆法　怒《いか》った？〝噴火〟した？

神武桜子　（笑）（会場笑）

大川隆法　噴火したでしょうね。

神武桜子　はい（笑）。

幸福実現党が約33万筆の署名を安倍首相に提出

幸福実現党は、「河野・村山談話」の無効を宣言し、自虐《じぎゃく》史観を一掃《いっそう》する「戦後70年談話」を求める署名運動を展開。
2015年7月31日、内閣府を通して安倍首相宛に署名を提出した。

〈左上〉7月31日の署名提出日には、首相官邸前に賛同者約250名が参集。

〈右〉署名提出に先立ち、集会で挨拶する釈量子《しゃくりょうこ》党首。党首の脇には、総数32万8958筆の署名書類を収めたダンボールの山が。

〈左下〉加藤文康《かとうぶんこう》党幹事長（中央）と後援会のメンバー（左）が、首相宛の署名を内閣府に提出。

☆8月14日、安倍首相は「戦後70年談話」を発表したが、その内容は自虐史観から一歩も抜け出せていない内容であったため、その後、幸福実現党は「安倍談話」の撤回を求める活動を行っている。

大川隆法　たぶん、噴火したと思いました。

神武桜子　本当に、許せないと思いました。

大川隆法　「許せない」と思った？

神武桜子　はい（笑）。

大川隆法　この言葉は流行《はや》っているんですよね。この人が就任してから「許せない」という言葉を使っています。男性ではこの言葉を使った人はいませんが、「許せない！」って言うんですよね？

神武桜子　はい。安倍談話は、日本を穢《けが》していると思いました。

大川隆法　なるほど。

筋《すじ》が通っていない〝粉飾答弁《ふんしょく》〟のようだった安倍《あべ》談話

大川隆法　私は、あまりショックを受けないように、あらかじめ、「安倍《あべ》さんの談話にはそれほど期待しないほうがいい」ということは言っておいたのです。これについては、「たぶん、そうなるだろう」と予想していました。

私も、談話を発表するのを観ましたけれども、過度にきついことを言うと、安倍さんがのびてしまうから、言葉は選ばなければいけないでしょう。

例えば、会社であれば、粉飾《ふんしょく》決算などをすると、やはり、法律的にも道義的にも許されず、バッシングを受けて、退場になることが多いのですが、政治の世界においては、粉飾決算ならぬ〝粉飾答弁〟、あるいは〝粉飾談話〟のようなものが、まだ十分、ありえるのだと思いました。

要するに、みんな、安倍談話が粉飾であることは知っているのです。国民も知っていますし、マスコミも知っています。安倍さんの本心ではないことは、みんな知っているわけです。

ただ、「いかに、それを粉飾して見せるか」という技術だけを見せており、周りも技術レベルを見ていて、そのレベルがある程度を超《こ》えれば、「なかなか頑張《がんば》ったな」というような感じで、別の判定をするらしいのです。まあ、〝ゲーム〟ですけどね。一種のゲームが行われているような感じがしました。

私も、安倍談話に関しては〝粉飾答弁〟だと思います。「本心は、違《ちが》うでしょ？」と訊《き》いたならば、「違う」ということになるでしょう。本心は、あんなものではないはずです。

しかし、いろいろな記事とか、ニュースとか、デモとかで圧力をかけられたりしますし、あるいは、作家や評論家などからも攻撃《こうげき》されたりしています。さらに、連立している政党も、共産党と変わらないようなことを言って、足を引っ張ったりしているような状態です。

そうすると、だんだん〝玉虫色《たまむしいろ》〟になっていくのでしょう。談話については、ずいぶん前から、いろいろサウンドしていながら、最終的に、あの程度になるのであれば、「むしろ、あれは、言わなくてもよかったのではないか」と、私は感じました。

安倍談話は、全方位に、玉虫色にいい面を見せようとして、しゃべっているようには見えましたけれども、結局、パッチワーク風にさまざまなものが入っているだけで、全体を通して見たら、筋《すじ》が一本通っていないのです。そのため、やや分裂《ぶんれつ》的な意見のようにも読めるところはありましたね。

やはり、少し悲しいかなと思います。「村山談話」あたりの四つのキーワードを使ってしまいましたが（注。村山談話に盛り込《こ》まれた「植民地支配」「侵略《しんりゃく》」「痛切な反省」「お詫《わ》び」の四つを指す）、それを否定するつもりで意気込んでいたのにもかかわらず、使わざるをえないところに押《お》し込まれていったのです。

結局、「内閣の支持率は下がった」「次の総裁選で不利になる」「次の選挙で負けるかもしれない」などと言われると、もう全部、外向きに変えてしまうわけです。そして、言葉としては、いくら嘘《うそ》をついても構わないことにして、「行動のほうでやってのけるか、あるいは、選挙の実績で勝てば、また、『勝てば官軍』でやれるから」ということで、そちらのほうを取っているのでしょう。

私は、民主主義、特に、日本における民主主義の未来に対して、ある意味での失望感のようなものは感じましたね。

世界では紛争《ふんそう》が現実に起きている

大川隆法　マスコミなどは、安倍さんの全体主義的傾向《けいこう》のようなものを批判したいのだとは思いますが、実は、マスコミを含《ふく》めての全体主義的なもののほうが、けっこう強かったのではないでしょうか。日本全体が、もののけに憑《つ》かれているように、「反戦・平和」を繰《く》り返したり、「憲法九条を死守せよ」「戦争法案反対」などと言って、動いています。

しかし、その談話が出たすぐあとに、北朝鮮《きたちょうせん》と韓国《かんこく》が発砲《はっぽう》し合っているような状況《じょうきょう》ですから、世界の常識は、まだそんなレベルなのです（注。二〇一五年八月二十日、北朝鮮は韓国に対し、二度の砲撃《ほうげき》を行った。また、韓国軍は同二十日、北朝鮮に向けて数十発の砲弾《ほうだん》を発射した）。

そのように、北朝鮮と韓国は、いつでも撃《う》ち合う状態ですし、バンコクでは再びテロによる爆破《ばくは》が起きました（注。二〇一五年八月十七日、タイの首都バンコクで発生した爆弾テロにより、中国人観光客四人を含む二十人が死亡した）。「おそらく、タイが、ウイグル族を中国に強制送還《そうかん》したことと関係があるのではないか」と言われていますが、ここには、中国がウイグル族を弾圧している背景があるのです。

したがって、中国から見れば、ウイグル族がテロでもって攻撃をしているのかもしれないし、彼ら（ウイグル族）から見れば、民主主義的に、反対運動や独立運動をしているのかもしれません。ともかく、世界では、まだまだ、そのような紛争は現実に起きているのです。

ところが、現実に起きている紛争があるにもかかわらず、それを見ないことにして、「日本は、今までやってきたことをやり続けさえすればいいんだ」ということで、「鰯《いわし》の頭も信心《しんじん》から」といった感じでやっています。これでは、むしろ、批判されている「紋切《もんき》り型の宗教のやり方」を、現代の日本自体がやっていることになるでしょう。そういう「〝日本教徒〟になっているのではないか」という感じを、すごく受けました。

「日本を取り戻《もど》す」という自民党の公約は実行されたのか

大川隆法　それと、もう一つ気になったことがあります。自民党は「日本を取り戻《もど》す」という公約で選挙をして勝ったわけですが、安倍さんの談話を聞いて、「日本を取り戻す」という公約は、実行されたのかどうか。取り戻したのかどうか。やはり、疑問は残りましたね。

あの談話であれば、戦後十年ぐらいに言ってもいいようなものでしょう。やはり、戦後史を肯定《こうてい》したままで発表して、先送りにしたわけです。

それでも、「将来の国民は、このような謝罪はしないようにしていただきたい」

と言ったのが、精一杯《せいいっぱい》の抵抗《ていこう》であったのかもしれません。ただ、「自分までは謝罪するけど、将来はしないでいただきたい」ということで、先送りしたようなところですから、〝戦後百年談話〟のほうに延ばそうとしているように見えたことは、見えたのです。そのような〝粉飾答弁〟がありました。

やはり、「日本を取り戻す」と言った自民党の公約には反していたのではないかと思いますし、取り戻せなかったのではないかと思います。結局、戦後の自虐史観を肯定したことになったのではないでしょうか。

また、矛盾《むじゅん》していましたよね。要するに、集団的自衛権について、日米が対等の立場で行動ができるようにしようと、今、法案改正に入っているわけですよ。安保《あんぽ》法制というのは、そういうことでしょう（注。二〇一五年七月十六日、安全保障関連法案は、衆議院本会議で可決され、七月二十七日に参議院で審議《しんぎ》入りした）。

ところが、（安倍談話では）「紛争解決のための、いかなる戦争や、侵略行為《こうい》等を一切《いっさい》しない」などというようなことを言ってみたりしているのです。それならば、「共同で防衛する」などという考え方自体、通用しないでしょう。言っていることに嘘がありますよね。そのへんも矛盾はしていると思いました。

こうしたところを強く感じたのですが、「政治というのは虚《むな》しいな」という面でしょうか。「みんなが嘘だと分かっているのに、それを演じてみせなければいけない」というようなところがあって、「つくられた〝フィクションの世界〟での民主主義なのかな」というのを、一点、考えたのです。

8　天皇陛下《へいか》の「終戦のおことば」に感じた危機感

「天皇陛下《へいか》のおことば」と「安倍《あべ》談話」の間にあった〝駆《か》け引き〟

大川隆法　さらに、これは、タブーに触《ふ》れるのかもしれませんが、八月十四日に首相の談話が出て、十五日に天皇陛下《へいか》の終戦のおことばがあるということで、今回、少し争った形跡《けいせき》があります。「天皇のおことばと、安倍《あべ》さんの言葉が矛盾《むじゅん》していたらいけない」というような駆《か》け引きが裏であったように聞いているのですが、非常に、ある意味で危険なものを感じました。

今、リメイク版の「日本のいちばん長い日」（二〇一五年八月公開）という映画が公開されているのですが、それは、終戦の日の、八月十四日から十五日にかけての話になります。八月十四日に、昭和天皇が「終戦の詔《みことのり》」をレコード盤《ばん》に吹《ふ》き込《こ》んで、翌日にかけられるようにしておくのですが、軍部が邪魔《じゃま》をするかもしれないので、宮内庁《くないちょう》（当時は宮内省）のなかに隠《かく》したのです。それを、軍部の右翼《うよく》の青年将校たちが、必死で探し、妨害《ぼうがい》しようとするような物語でした。

おそらく、そういう映画がかかった影響《えいきょう》もあったのかもしれませんが、十五日の全国戦没者追悼式《せんぼつしゃついとうしき》では、天皇陛下から、「深い反省」というおことばがありました。これは、「安倍談話とも整合性が要《い》るので、矛盾してはいけない」ということかと思いますが、このあたりにも、制度的な疲労《ひろう》感を感じました。

やはり、一般《いっぱん》には、共和制の下《もと》での民主主義が普通《ふつう》だと思うのです。

共和制というのは、君主や皇帝《こうてい》がいない世界、つまり、四民平等のなかでの民主政治のことであり、それが基本でしょう。しかし、「立憲君主制のなかでの民主主義には、どういうあり方があるのか」ということですね。

前回の一九六七年に公開された映画「日本のいちばん長い日」には出ていなかったと思いますが、今回のリメイク版では、「天皇のおことばで終戦させるのは、立憲君主制に反するのではないか。そういう判断はできないはずだ」というような意見を述べているシーンが入っていました。おそらく、現在の時局を読んで、そのような言葉が入ったのかとは思います。

ただ、今回、マスコミ自体は、「天皇のおことば集」について取り上げ、天皇陛下が、「痛切な反省をすべきだ」という意見を強く持っておられて、「天皇は反戦・平和を求めておられる」というようなことを流布《るふ》していました。もし、それを首相の言論を抑《おさ》え込むのに使っていたとするならば、制度的な問題がもう一つ出てきたように思います。

やはり、日本には元首が二人存在するのか

大川隆法　もちろん、開戦と終戦のときに、昭和天皇は、自《みずか》らご聖断《せいだん》を下《くだ》されたはずでしょう。

ただ、今の日本国憲法には、「天皇又《また》は摂政及《せっしょうおよ》び国務大臣、国会議員、裁判官その他の公務員は、この憲法を尊重し擁護《ようご》する義務を負《お》ふ」（第九十九条）と書いてあるのです。

そういう意味で、立憲主義的に行くと、憲法を守らなければいけないことになっているわけですが、「もし、それに反したらどうなるのか」については書かれていません。

なお、憲法では、天皇が為《な》せる国事行為《こくじこうい》について、明確に具体的に列記されていて、「これしかできない」ということになっています。

天皇の国事行為とは、要するに、詔書《しょうしょ》にサインをしたり、国会の開会や解散を告げたりするような、決められた行為のことです。

ところが、「もし天皇が、そういう国事行為以外の、国政に関する行為をされたらどうなるのか」ということについて、現行憲法は何も語っていません。どうすることもできない状態にあるわけです。

例えば、今回、天皇陛下の「痛切な反省」というおことばのほうが先にあって、これをどうしても言いたいがために、安倍談話のほうが括《くく》られた、あるいは、マスコミを媒介《ばいかい》して、おことばと矛盾しないように持っていかれたとしたら、これは、天皇が国政に当たる行為をした可能性もあるということです。

そうすると、一見《いっけん》お飾《かざ》り風ではあっても、元首が二人いるかたちになって、非常に具合の悪い、責任がどこにあるのか分からないような体制ができているのかもしれないという感じがあります。

危険な面を感じさせる「日本の憲法システム」の欠陥《けっかん》

大川隆法　もし、内閣の考えと天皇のお考えが矛盾する場合、現行憲法的には、内閣の考えに反対できないことになっているはずなのです。内閣の助言と承認によって、天皇はそのとおりにやらざるをえません。

要するに、天皇は国事行為を〝自動的に〟しなければいけないようになっているのに、昔の明治憲法下であったような、「天皇の意思が出てきた場合、どうなるのか」という問題が出てきたわけです。

例えば、以前の著書にも書いたことですが（『「現行日本国憲法」をどう考えるべきか』〔幸福の科学出版刊〕等参照）、民主党の菅直人《かんなおと》政権が立ったとき（二〇一〇年六月）、天皇陛下は葉山《はやま》にご静養に行かれていました。天皇の承認がなければ、首相の任命はできませんが、天皇陛下は、四日間、葉山から帰ってこなかったのです。そのため、組閣《そかく》は四日ほど遅《おく》れました。

これは宮内庁のほうが、「当初からのご静養計画があるので、帰るわけにはいきません」ということで、四日遅れたわけですが、もし、そのまま帰ってこなかったら、どうなったのでしょうか。

すなわち、天皇陛下が葉山にずっと籠《こ》もって、「菅さんでは納得《なっとく》がいかないから、私は任命書にサインしない」と言われた場合、どうなったのかという一つのシミュレーションはあったと思うのです。

このあたりは、先の大戦で、「昭和天皇が、終戦を決意されたから、終戦になった」ということにも関係します。つまり、天皇に責任はなく、内閣以下に責任があったから、A級戦犯《せんぱん》が葬《ほうむ》られたことになっているのですが、ある意味で、「それは、やっていいことだったのか」という問題も一つあるわけです。

もし、今でも天皇のご判断が政治的に影響しているとするならば、憲法システムには大きな欠陥《けっかん》がある可能性があるということでしょう。

したがって、安倍さんは戦後レジームからの脱却《だっきゃく》をするつもりでいたけれども、「天皇陛下のお考えと異なるため、できない」ということであれば、問題はあるかもしれません。

また、〝猿芝居《さるしばい》〟としての政党型民主政治をしているのであれば、欧米《おうべい》からは違《ちが》うように見えている面があるかもしれないでしょう。そういうことを強く感じました。

これは、やや穿《うが》った見方であり、ここまで言うと怒《おこ》られるかもしれないとは思うのですが、今回、危険な面を感じたことは事実です。

談話関係については、そのようなところですね。どうですか？

神武桜子　ちょっと肝《きも》が冷えるというか、鋭《するど》いといいますか……。

大川隆法　やはり、今のところ、日本国憲法では、どちらが元首か分からないんですよ。「天皇が元首だ」と言う人もいれば、「首相が元首だ」と言う人もいて、よく分からないのです。

ただ、おそらく、雅子妃《まさこひ》が封《ふう》じ込められている理由は、自分の考えを持っておられるからでしょう。

やはり、アメリカなどを経験している人は、自分の意見を言いますが、そうされると困るわけです。できるだけ意見を出さないように、ああいった「ご病気」ということで、押《お》し込められていたのだと思います。

もし、「元首として自分の意見が言える」、あるいは、「元首の奥《おく》さんが意見を言える」ということであれば、非常に難しい問題は出てくるのではないでしょうか。

今回、安保《あんぽ》法制をめぐる議論では、野党側や左翼《さよく》側の陣営《じんえい》、マスコミも含《ふく》め、「立憲主義」という言葉を、政府を攻《せ》める言葉として使っていました。

しかし、逆に、「首相の上にいる天皇だったら、立憲主義のところでは縛《しば》られない」というかたちで使われたのなら、「立憲主義」はほとんど意味のない言葉になってしまいます。そういう意味では、「怖《こわ》いな」という感じを受けました。

天皇制はもともと祭政一致《さいせいいっち》が基本

神武桜子　もともと天皇制は、祭政一致《さいせいいっち》ですので、難しいところがあると思います。

大川隆法　そうなんですよ。

例えば、天皇陛下は、今年、パラオ諸島のペリリュー島にも慰霊《いれい》に行かれました（二〇一五年四月八、九日）。「『慰霊』という言葉は、宗教的行為なのか」ということについて、一つの判断はありますが、「宗教的行為ではない」とは言えないでしょう。

もっとも、裁判所は、これを習慣や習俗《しゅうぞく》だと言うかもしれないのですが、宗教の立場としては、「慰霊は宗教的行為ではない」と言われたら、たまったものではありません。「慰霊は、遺族の感情を慰撫《いぶ》するためだけの表面的な行為だ」ということであれば、宗教の本質からは外《はず》れています。それは〝周辺事情〟でしょう。

もちろん、戦争で亡《な》くなった方の遺族も、偉《えら》い人が来て慰霊してくれたら、慰《なぐさ》められるところはあるとは思いますが、「慰霊は宗教的行為ではない」と言われたら、基本的には、「ノー」ではないでしょうか。

そういう意味で、国の機関として、宗教的行為はしているわけです。また、被《ひ》災者《さいしゃ》への慰問等には、首相も行っているので、同じようなことをしているということです。

ところが、靖国《やすくに》神社には両者とも行けません。非常にややこしい関係ではあるし、沖縄《おきなわ》には行くこともあって、いろいろなものが渦巻《うずま》いているのかとは思います。

ただ、やはり嘘《うそ》はあるのではないでしょうか。

天皇制は祭政一致が基本なわけで、それこそ、神武《じんむ》天皇以来そうなっています。それを、戦後、そうではないように見せていますが、「知識のないアメリカ人を上手《じょうず》にごまかした」といえば、それまでなのかもしれません。

ともかく、表面だけは繕《つくろ》ったけれども、「実質のところは、どうなったらいいのか」については、詰《つ》めた議論がなされていないということです。

英霊《えいれい》たちに対する「慰霊《いれい》」は本当になされたのか

大川隆法　それから、先の大戦で、「天皇陛下万歳《ばんざい》」と言って亡くなっていった特攻《とっこう》の人たちや、その他、戦争で亡くなった人たちは、「天皇のために死んで、靖国で会おう」と誓《ちか》い合ったわけです。しかし、その靖国神社という場の宗教的責任、政治的責任はどうなったのかについて、疑問が感じられないわけではありません。「首相官邸《かんてい》のすぐ横にある靖国神社には慰霊《いれい》に行けないが、遠いパラオには慰霊に行ける」というのは、信じがたい行為のように思います。

したがって、そういう意味での責任はまだ残っているでしょう。それを、「深い反省」や「痛切な反省」という言葉で全部丸められるのかどうか、あるいは、村山《むらやま》談話の四つのキーワード（「植民地支配」「侵略《しんりゃく》」「痛切な反省」「お詫《わ》び」）を安倍さんが引きずることだけで、本当に彼らの慰霊がなされたのかということに対しては、重大な疑問が残ったように思います。

むしろ、韓国《かんこく》や中国に訪問できる外交日程を組むためだけに、そうした「謝罪の言葉」を盛り込んだとしたら、前述した〝粉飾《ふんしょく》答弁（談話）〟ではないけれども、国民を限りなく愚民視《ぐみんし》した見解が、その裏にはあったはずです。

あるいは、役人がそのような談話を書いているとしたら、「自分たちは軍師的な頭であり、国民なんかよりもずっと優《すぐ》れているので、この程度の言葉で表現していれば、気がつかないだろう」というふうに、牛耳《ぎゅうじ》れたのかもしれません。もしくは、マスコミが、「このあたりだったら、われわれは政府と妥協《だきょう》して、悪い報道はしません」という折り合いのラインを示したのでしょうか。

そのあたりは分かりませんが、主権者である国民は〝裸踊《はだかおど》り〟をさせられている状況《じょうきょう》であることは間違いないと思います。

9　あらゆる宗教に共通する「基本教義」とは

「神仏から頂いたミッションを遂行《すいこう》すること」の意味とは

司会　最近、神武理事長が、幸福の科学の基本教義について、よく考えられているということを伺《うかが》いました。そのことに関して、理事長のほうから、お話しいただければと思います。

神武桜子　二〇一三年に、「幸福の科学の基本教義とは何か」という御法話《ごほうわ》を頂きました（『幸福の科学の基本教義とは何か』〔幸福の科学出版刊〕参照）。

『幸福の科学の基本教義とは何か』
（幸福の科学出版）

大川隆法　ああ。

神武桜子　そのなかで、総裁先生は、それまでに基本教義の説明としてあった、「愛」「知」「反省」「発展」（四正道《よんしょうどう》）ということ以外に、「改めて、言葉を換《か》えて言うとするならば」ということで、「神仏から頂いたミッションを遂行《すいこう》すること」とおっしゃっています。それを聴《き》いたときに、私のなかで、すごい衝撃《しょうげき》があったのです。

大川隆法　うん、うん。

神武桜子　今までとは全然違《ちが》う角度からのお言葉だなと思いまして、「どうしてこれが基本教義なんだろう」と、ずっと考えています。

今日のお話のなかでも、何度か、「使命《しめい》」というお言葉が出てきたのですが、やはり、「『使命』とは、主の御心《みこころ》そのものなのかな」と思うのです。

「主の光が分かれて、私たちの魂《たましい》ができるときに、その光のなかに、主が、『こうであれ』という使命を埋め込《うこ》んでくださったのかな」と感じていますし、「『神仏から頂いたミッションを遂行する』ということは、『主と共に生きなさい』ということかな」と思っています。

この「使命」ということについて、改めて、お言葉を頂ければと思います。

大川隆法　確かに、幸福の科学には、「四正道」という教えはありますが、それぞれの宗教には、「固有の教義」があるのだと思います。どこに重点を置いて、どこに新しみを出すかということは、宗教によって、いろいろ違いはあるだろうと思うんですね。

ただ、その宗教の違いを超《こ》えて、共通しているものもあると思うんですよ。

やはり、宗教が宗教であるかぎり、宗派《しゅうは》や教祖、神様の名前は違えども、「その教えを広げていきたい」という思いは、どこもあるはずなんですね。

仏教的に言えば、それは、「法輪《ほうりん》を転じる」という言葉になるわけです。「法輪」といっていますが、結局、そのもとは何かと言うと、昔の戦車ですよ。

釈迦《しゃか》時代の戦車というのは、一対《いっつい》の車輪ですけれども、その戦車の車輪が、この世的ないろいろなものを踏《ふ》みしだいて前に進んでいくわけです。石だとか、木だとか、いろいろな障害物を踏み越《こ》えて進んでいくわけですが、その姿を象徴《しょうちょう》しているんです。

やはり、「法輪を転じる」ということが、大きなミッションとしてあるんですよ。これは、宗教の違いを超えて、全部にあるんですね。

もちろん、それぞれの教えは違いますよ。例えば、「転生輪廻《てんしょうりんね》があるかないか」というようなことでも、意見が違うことはあるでしょう。そのように、教えにはいろいろ違いがあるのですが、「法輪を転じる」というところは、たとえ言い方は違っても、どこにでもあることです。

これは、キリスト教徒も、イスラム教徒も、ユダヤ教徒も、あるいはほかの宗教、さらには、新しい宗教を興《おこ》しているところも、すべて同じようなものを持っていると思うんですね。

つまり、これは、幸福の科学だけということではなくて、改めて、宗教そのものの持つ基本的な性格について言及《げんきゅう》したということなんです。

宗教は、相矛盾《あいむじゅん》するものを包含《ほうがん》している

大川隆法　やはり、広げようと思わない宗教というのは、基本的に、駄目な宗教

なんですよ。

広げようと思わないということは、「『自分たちの宗教の教えは、あまりいい教えじゃない』と思っている」ということなんだと思うんですね。

例えば、家族のなかで信仰者《しんこうじゃ》が一人出たとして、「家族には、これを勧《すす》めたくないな」「親戚《しんせき》には勧めたくないな」、あるいは、「友達には勧めたくないな」というような感じでしょうか。

このように、「知り合いには勧めたくないな」と思って、「自分一人だけのものにしておこう」とするのは、その教えが正しいという確信を、まだ持っていない証拠《しょうこ》だろうと思うんです。

どこの宗教でもそうですけれども、まず最初に、家族のなかの誰《だれ》か一人がその教えを信じることになります。そして、それを信じない人が、周りにたくさんいるので、宗教が力を持っているときには、そこといろいろなぶつかりがあるわけです。

それは、キリスト教で言っているとおりでしょう。

「私が、平和を持ち来たらさんとして来たと思うな。私は、むしろ、剣《けん》を投《とう》ぜんがために来たなり」ということで、「キリストを信じることによって、むしろ、家庭のなかで、親子で憎《にく》しみ合ったり、夫婦《ふうふ》で憎しみ合ったりすることが、今後起きるだろう」というようなことを言っています。

これが、イエスの当時に言われていたか、あるいは、後《のち》にいろいろな迫害《はくがい》や弾《だん》圧《あつ》等を受けて、編纂《へんさん》される過程で入った言葉かどうかは、よく分かりません。ただ、そういう面もあるでしょう。

一方では、例えば、「敵のなすがままにさせよ」というような、非常に柔軟《じゅうなん》でパッシブ（受動的）な教えを説いているイエスでありながら、もう片方では、「争いを起こすために来た」というようなことを言っているわけです。これは、宗教の持っている両面ですね。

要するに、宗教には、人を「許す」ところもあれば、あなた（神武）が言うように、「許さない」ところもあるわけなんです。人を「許す」のも宗教の仕事ではあるけれども、ミッションに関しては、断固許さない部分もあるということですね。間違ったものを許さない、あるいは、イーヴル（邪悪《じゃあく》）なもの、デモーニッシュ（悪魔的《あくま》）なものは断固許さないというようなところもあります。

やはり、「真実はこれだ。正義はこれだ」と思ったときに、譲《ゆず》らないところがなかったら、信仰者としては退転《たいてん》への道を歩むしかないところがあるでしょう。そういう意味での「強さ」は、要《い》ると思うのです。

そのように、相矛盾《あいむじゅん》するものも包含《ほうがん》しているところはあるのではないでしょうか。

また、釈迦にしても、同じようなところはあったわけです。

例えば、仏陀《ぶっだ》の出家《しゅっけ》に関しては、カピラ城にいた親から臣下《しんか》まで、もちろん反対でした。跡継《あとつ》ぎがいなくなるわけですから、反対するでしょうし、それによって、敵国に攻《せ》め滅《ほろ》ぼされたというところもあったのです。

ただ、仏陀が出家したのは、それ以上の大きな仕事に値打ちを感じていたからであろうと思うんですよ。そういうことがあったと思います。

宗教には、「譲《ゆず》れない一線」というものがある

大川隆法　そういう意味で、「信仰を持つことによって、家庭のなかの意見が割れる」というようなことは、今後も、幸福の科学でも続くだろうと思うんですね。

特に、幸福の科学が始まる以前に結婚《けっこん》していたような方は、そうでしょう。結婚後に、幸福の科学という新しい宗教ができて、夫婦の片方が、それを信じるようになり、もう片方が、それを信じられないという場合、離婚《りこん》するようなケース

もありうると思います。

しかし、こうしたことは、別に幸福の科学だけに限ったことではなく、ほかの宗教でもあることなんですね。本当は、結婚の段階で、信仰のところが一致《いっち》しているほうが望ましいのですが、新しい宗教においては、よく起きることなのです。

また、きょうだいであっても、やはり、「魂の傾向性《けいこうせい》」や「素質」に違いがあるので、新しい信仰に強く惹《ひ》かれる人もいれば、反発する人もいます。あるいは、家族のなかには、すでに悪霊《あくれい》の影響下《えいきょうか》にある人もいるかもしれません。もし、そういう人がいた場合には、この新しい信仰が入ってくることによって、非常にイライラしたり、怒《おこ》ったり、暴《あば》れたりするようなことが起きてくることもあるでしょう。そして、それを見て、「その宗教に入ったからだ」とか、「それは悪いことなんだ」とかいうようなことを言う人もいるわけです。

さらに、親が激しく反対して、まるで別人格のように怒り始めたりしたときに、親に「悪霊が憑《つ》いているんだ」「悪魔が憑いているんだ」というようなことを言うと、「そんな親不孝なことを教えている宗教か。ますます気に食わん!」ということで、喧嘩《けんか》が激化《げきか》することもあります。

ただ、そういうことは、過去の歴史のなかでは、いろいろな宗教において、幾《いく》つも起きていることなのです。

また、結果的に、それを信じたことが正しかったかどうかは、もちろん、あの世に還《かえ》れば分かることではあるけれども、あの世に還らないにしても、この世では一定の時間が流れたら分かることではあります。

その一定の時間がどのくらいかは、宗教によっても違うと思いますし、キリスト教でさえ、少なくとも三百年はかかっていることを知らなくてはいけないでしょう。

仏教にしても、仏陀在世《ざいせ》中は、六師外道《ろくしげどう》といわれるぐらいにいろいろな宗派が競《きそ》っていました。また、競っていた理由は明らかで、出家者がお布施《ふせ》をもらいに行った場合、どこかがもらえばどこかがもらえなくなるからです。そのようなことが多かったために、他教の悪口《わるくち》を言うということは、そうとうありました。例えば、伝統的なバラモン教等が、新興《しんこう》の仏教に信者を奪《うば》われるようなことが起きるので、それが原因で争いが起きるということはあるわけです。

今でも、当会が海外伝道をしていて、一定以上の大きさになってきたら、すでにある宗教が警戒《けいかい》してきたりするようなことはありますし、政治権力を使って抑《おさ》えにきたりすることもあります。

ともかく、こういう戦いは、歴史的には必然的に起きていることなので、いかにうまく乗り越えるかということでは、組織的な智慧《ちえ》も要るでしょう。また、個人としての力量や智慧も関係するとは思います。

ただ、この世的に妥協《だきょう》できる部分もあるかとは思いますが、最後は譲《ゆず》れない一線というのはあるのです。それは、やはり信仰者としての〝踏《ふ》み絵《え》〟の部分ではありましょう。

キリスト教での踏み絵で言えば、長崎《ながさき》あたりの、キリシタン・バテレンの踏み絵のようなものかもしれません。あのように、踏み絵を踏むか踏まないか、つまり、「この世的な命を選ぶか、信仰を取るか」といったことをやられる場合もあるわけです。

あるいは、ローマ帝国《ていこく》の時代であれば、キリスト教徒は、競技場でライオンに食べられるというようなことをされていました。帝国からすれば、キリスト教徒は、ライオンの餌《えさ》にするような信仰を持っている人だったわけですから、ある意味でオウム教レベルの宗教に見えていたのでしょう。

それでも、長い間、活動しているうちに、打ち勝ってしまう場合もあれば、消えてしまう場合も数多くあります。やはり、宗教によっては、正しいものでも消えることはあるのです。

ただ、一定の年数がものを言うこともあるし、「自分の死後、どうなるか」ということに確信を持っていれば、その強さが護《まも》ることもあるだろうと思います。

10 「無明《むみょう》の世界」を信仰《しんこう》を持って生き抜《ぬ》くことが修行《しゅぎょう》

この世は、魂修行《たましいしゅぎょう》の場として設定されている

大川隆法　やはり、この世は人生の学校であり、魂《たましい》の学びを得るところであるので、「この世の物事に、一定以上執着《しゅうちゃく》するな」というのは、そのとおりでしょう。これは、仏陀《ぶっだ》の基本的な教えであって、「愛別離苦《あいべつりく》」「怨憎会苦《おんぞうえく》」「求不得苦《ぐふとくく》」といったことは、いくらでもあるわけです。愛する者と別れ、憎《にく》しむ者と出会う苦しみもあれば、求めても得られない苦しみもあります。この世は、そういう苦しみから逃《のが》れることのできない世界であるということです。これは、いまだに真理としてあるだろうと思います。

ただ、そういうなかを、信仰《しんこう》を持って生き抜《ぬ》くことこそが修行《しゅぎょう》でもあるのです。みんなが「ウェルカム」で、「そうですね、そのとおりですね。分かりました」とはなりません。そうならないのは、「この世が、魂修行の場として設定されている」という前提があるからです。

「丸見えのガラス張りであれば、『本当は二階以降の世界もあるんだ』ということが分かり、そういう苦労はないのに」と思うでしょう。もし二階以降、要するに天上界《てんじょうかい》以降の世界が、ガラスの天井《てんじょう》を下から上に見上げるように見えたら、われわれも霊的《れいてき》な存在であることを迷うことはないし、まったく困らないと思うかもしれません。

しかし、あの世の世界が丸見えで、霊人《れいじん》の言っていることが全部聞こえるような人ばかりになれば、この世の主体性《しゅたいせい》というものがなくなるんですよ。「主体的にこの世を生きていく」ということができなくなるのです。ごく一部の人に、魂の教師の仕事として、そうした世界の存在を教える機会が与《あた》えられることはありますが、絶対に全員がそうはならないようになっています。

要するに、全員がそうなったら、この世は操《あやつ》り人形のようにただ動いているだけの世界になってしまい、わざわざこの世に生まれてくるという貴重《きちょう》な体験をする必要がなくなってくるのです。

だから、「目に見えぬ世界のなかで、〝見える〟ようになる」という修行を、今やっているわけですね。信仰というものに気づくために、こういう世界が創られているということです。

そういう意味では、宗教をやる人は、それだけ苦労をしているでしょうが、苦労している分だけ、得られるものも大きいわけです。

そのように、この世は無明《むみょう》の世界であるにもかかわらず、世間《せけん》の人々はそうは思っていません。宗教家から見れば、みんな、無明の世界、明かりのない世界を手探《てさぐ》りで生きているのが、この世の世界だというのに、この世を生きている人たちは、そうは思っていないのです。むしろ、「この世は明るい世界で、何もかも見えて、触《さわ》れる世界だ。こちらが開かれた世界だ」と思っています。

しかし、真実の宗教家から見れば、「この世が閉《と》じられた世界で、本当の世界は見えない世界なのだ」ということは分かっているのです。これを教えるのに、とても苦労しています。

いずれにせよ、そういう制度が続いているということは、そのなかで「悟《さと》り」を得るということが、人間としての成長に非常に役立つからではありましょう。こういう仕組みを通してこの世を生きることで、新たな光の天使、菩薩《ぼさつ》たちが誕生する機会も与えられているのだと思うのです。やはり、そのあたりの難しさと困難さが、魂を磨《みが》いているのではないでしょうか。

私も小さいころから、あの世とか、神や仏を信じてはいたけれども、実際に霊的な現象がこの身に及《およ》ぶまでは、確信としてつかむことはできませんでした。それを同時代に伝えられるのは、とても貴重なことではないかと思います。

神武桜子　ありがとうございます。

神武桜子理事長からのメッセージ

司会　本日は、人間にとって、いちばん大事な信仰、そして宗教の本道《ほんどう》を、大川総裁と神武理事長との対談を通して、お教えいただきました。本当にありがとうございます。

最後に、神武理事長から、全世界の方々に向けてメッセージをお願いします。

神武桜子　はい。

宗教は、いいところです。

信仰も、いいものです。

幸福の科学は、みなさんを幸せにするところです。

ぜひ、多くの方に幸せになっていただきたいので、私たちと一緒《いっしょ》に多くの人を幸せにしていく人になってください。

どうか、よろしくお願いいたします。

司会　神武理事長、ありがとうございました。

それでは以上をもちまして、大川隆法総裁と神武桜子理事長との対談、「宗教の本道を語る」を終了《しゅうりょう》させていただきます。

大川隆法総裁、まことにありがとうございました。

大川隆法　はい、ありがとうございました。

神武桜子　ありがとうございました。

あとがき

「主よ、どうか我らと共にあってください。」

主がお姿をあらわしてくださいました。
主の瞳《ひとみ》は、透明でした。
主のお声は、慈悲《じひ》の響きでした。
主のほほえみは、春の光でした。

宗教に生きる者にとって、
大切な一書をいただきました。
本当にありがとうございます。

「主は、我らと共にあり。」

二〇一五年　八月二十七日

幸福《こうふく》の科学《かがく》理事長《りじちょう》　神武《じんむ》桜子《さくらこ》

『宗教の本道を語る』大川隆法著作関連書籍

『日本建国の原点』（幸福の科学出版刊）
『「現行日本国憲法」をどう考えるべきか』（同右）
『幸福の科学の基本教義とは何か』（同右）
『皇室の新しい風 おそれながら、「佳子さまリーディング」』（同右）
『豊受大神の女性の幸福論』（同右）

※左記は書店では取り扱っておりません。最寄りの精舎・支部・拠点までお問い合わせください。
『プロフェッショナルの条件』（宗教法人幸福の科学刊）

宗教《しゅうきょう》の本道《ほんどう》を語《かた》る
――幸福の科学理事長・神武桜子との対談――

2015年9月3日　初版第1刷

著　者　大《おお》川《かわ》隆《りゅう》法《ほう》

発行所　幸福の科学出版株式会社
〒107-0052 東京都港区赤坂2丁目10番14号
TEL(03)5573-7700
http://www.irhpress.co.jp/

印刷・製本　株式会社 東京研文社

落丁・乱丁本はおとりかえいたします

ISBN978-4-86395-714-5 C0014

大川隆法ベストセラーズ・幸福の科学の基本教義を学ぶ

幸福の科学の基本教義とは何か

真理と信仰をめぐる幸福論

進化し続ける幸福の科学――本当の幸福とは何か。永遠の真理とは? 信仰とは何なのか? 総裁自らが説き明かす未来型宗教を知るためのヒント。

1,500円

「正しき心の探究」の大切さ

靖国参拝批判、中・韓・米の歴史認識……。「真実の歴史観」と「神の正義」とは何かを示し、日本と世界に立ちはだかる問題を解決する一書。

1,500円

幸福の法

人間を幸福にする四つの原理

真っ向から、幸福の科学入門を目指した基本法。愛・知・反省・発展の「幸福の原理」について、初心者にも分かりやすく説かれる。

1,800円

大川隆法ベストセラーズ・「大川隆法」の魅力を探る

大川総裁の読書力

知的自己実現メソッド

区立図書館レベルの蔵書、時速2000ページを超える読書スピード──。1300冊を超える著作を生み出した驚異の知的生活とは。

1,400円

素顔の大川隆法

素朴な疑問からドキッとするテーマまで、女性編集長３人の質問に気さくに答えた、101分公開ロングインタビュー。大注目の宗教家が、その本音を明かす。

1,300円

大川隆法の守護霊霊言

ユートピア実現への挑戦

あの世の存在証明による霊性革命、正論と神仏の正義による政治革命。幸福の科学グループ創始者兼総裁の本心が、ついに明かされる。

1,400円

政治革命家・大川隆法

幸福実現党の父

未来が見える。嘘をつかない。タブーに挑戦する──。政治の問題を鋭く指摘し、具体的な打開策を唱える幸福実現党の魅力が分かる万人必読の書。

1,400円

※表示価格は本体価格（税別）です。

大川隆法シリーズ・新刊

父が息子に語る「宗教現象学入門」

「目に見えない世界」を読み解くカギ

大川隆法　大川真輝　共著

霊言、悪霊憑依、病気治しの奇跡——。目に見えないスピリチュアルな世界の法則を、大川総裁と現役大学生の次男がわかりやすく解き明かす。

1,400円

THE FACT 異次元ファイル

大学生 UFO 遭遇事件の真相に迫る

UFOと遭遇した姉弟に次々と起こる不可解な現象を、4つの霊能力で徹底解明！「UFO後進国・日本」の常識を超える宇宙人の実態とは!？

1,400円

僕らが出会った真実の歴史

『大川隆法の"大東亜戦争"論』の前に

大川真輝　著

これまで学んできた日本の歴史は、本当に「正しい歴史」なのか？ 7人の現役大学生が、「先の大戦」について等身大の疑問や考えを語り合う。

1,300円

この地球《ほし》は、宇宙に必要か？
あなたを待ち受ける、
衝撃の〝宇宙体験〟
ベガ、プレアデス、
ダークサイド・ムーン――
ついに、地球人《あなた》は「宇宙人の秘密」を目撃する！
大川隆法 製作総指揮
長編アニメーション映画
UFO学園の秘密
The Laws of The Universe Part 0
製作総指揮・原案／大川隆法
監督／今掛勇 脚本／「UFO学園の秘密」シナリオプロジェクト 音楽／水澤有一
総合プロデューサー／本地川瑞祥 松本弘司
総作画監督・キャラクターデザイン／今掛 勇 キャラクターデザイン／佐藤 陵 須田正己 美術監督／渋谷幸弘
VFXクリエイティブディレクター／栗屋友美子
キャスト／逢坂良太 瀬戸麻沙美 柿原徹也 金元寿子 羽多野渉
銀河万丈 仲野裕 千菅春香 藤原貴弘 白熊寛嗣 二又一成 伊藤美紀 浪川大輔
アニメーション制作／HS PICTURES STUDIO 幸福の科学出版作品
©2015 IRH Press 配給／日活 配給協力／東京テアトル
UFO学園 検索
NIKKATSU
10月10日、全国一斉ロードショー！

幸福の科学グループのご案内

宗教、教育、政治、出版などの活動を通じて、地球的ユートピアの実現を目指しています。

宗教法人　幸福の科学

一九八六年に立宗。一九九一年に宗教法人格を取得。信仰の対象は、地球系霊団の最高大霊、主エル・カンターレ。世界百カ国以上の国々に信者を持ち、全人類救済という尊い使命のもと、信者は、「愛」と「悟り」と「ユートピア建設」の教えの実践、伝道に励んでいます。

（二〇一五年九月現在）

愛

幸福の科学の「愛」とは、与える愛です。これは、仏教の慈悲《じひ》や布施《ふせ》の精神と同じことです。信者は、仏法真理をお伝えすることを通して、多くの方に幸福な人生を送っていただくための活動に励んでいます。

悟り

「悟り」とは、自らが仏の子であることを知るということです。教学《きょうがく》や精神統一によって心を磨き、智慧《ちえ》を得て悩みを解決すると共に、天使・菩薩《ぼさつ》の境地を目指し、より多くの人を救える力を身につけていきます。

ユートピア建設

私たち人間は、地上に理想世界を建設するという尊い使命を持って生まれてきています。社会の悪を押しとどめ、善を推し進めるために、信者はさまざまな活動に積極的に参加しています。

国内外の世界で貧困や災害、心の病で苦しんでいる人々に対しては、現地メンバーや支援団体と連携して、物心両面にわたり、あらゆる手段で手を差し伸べています。

年間約３万人の自殺者を減らすため、全国各地で街頭キャンペーンを展開しています。

公式サイト **www.withyou-hs.net**

ヘレン・ケラーを理想として活動する、ハンディキャップを持つ方とボランティアの会です。視聴覚障害者、肢体不自由な方々に仏法真理を学んでいただくための、さまざまなサポートをしています。

公式サイト **www.helen-hs.net**

INFORMATION

お近くの精舎・支部・拠点など、お問い合わせは、こちらまで！

幸福の科学サービスセンター

TEL. 03-5793-1727（受付時間 火〜金：10〜20時／土・日・祝日：10〜18時）

宗教法人 幸福の科学 公式サイト **happy-science.jp**

ハッピー・サイエンス・ユニバーシティ

Happy Science University

私たちは、理想的な教育を試みることによって、本当に、「この国の未来を背負って立つ人材」を送り出したいのです。

（大川隆法著『教育の使命』より）

ハッピー・サイエンス・ユニバーシティとは

ハッピー・サイエンス・ユニバーシティ（HSU）は、大川隆法総裁が設立された「現代の松下村塾」であり、「日本発の本格私学」です。
建学の精神として「幸福の探究と新文明の創造」を掲げ、チャレンジ精神にあふれ、新時代を切り拓く人材の輩出を目指します。

住所 〒299-4325 千葉県長生郡長生村一松丙 4427-1
TEL.0475-32-7770

学部のご案内

人間幸福学部

人間学を学び、新時代を切り拓くリーダーとなる

人間の本質と真実の幸福について深く探究し、
高い語学力や国際教養を身につけ、人類の幸福に貢献する
新時代のリーダーを目指します。

経営成功学部

企業や国家の繁栄を実現する、起業家精神あふれる人材となる

企業と社会を繁栄に導くビジネスリーダー・真理経営者や、
国家と世界の発展に貢献する
起業家精神あふれる人材を輩出します。

未来産業学部

新文明の源流を創造するチャレンジャーとなる

未来産業の基礎となる理系科目を幅広く修得し、
新たな産業を起こす創造力と起業家精神を磨き、
未来文明の源流を開拓します。

未来創造学部

2016年4月
開設予定

時代を変え、未来を創る主役となる

政治家やジャーナリスト、ライター、俳優・タレントなどのスター、
映画監督・脚本家などのクリエーターを目指し、国家や世界の発展、
幸福化に貢献できるマクロ的影響力を持った徳ある人材を育てます。

キャンパスは東京がメインとなり、2年制の短期特進課程も新設します
（4年制の1年次は千葉です）。2017年3月までは、赤坂「ユートピア
活動推進館」、2017年4月より東京都江東区（東西線東陽町駅近く）
の新校舎「HSU未来創造・東京キャンパス」がキャンパスとなります。

教育

学校法人 幸福の科学学園

学校法人 幸福の科学学園は、幸福の科学の教育理念のもとにつくられた教育機関です。人間にとって最も大切な宗教教育の導入を通じて精神性を高めながら、ユートピア建設に貢献する人材輩出を目指しています。

幸福の科学学園

中学校・高等学校（那須本校）
2010年4月開校・栃木県那須郡（男女共学・全寮制）
TEL 0287-75-7777
公式サイト happy-science.ac.jp

関西中学校・高等学校（関西校）
2013年4月開校・滋賀県大津市（男女共学・寮及び通学）
TEL 077-573-7774
公式サイト kansai.happy-science.ac.jp

ハッピー・サイエンス・ユニバーシティ（HSU）
TEL 0475-32-7770

仏法真理塾「サクセスNo.1」 TEL 03-5750-0747（東京本校）
小・中・高校生が、信仰教育を基礎にしながら、「勉強も『心の修行』」と考えて学んでいます。

不登校児支援スクール「ネバー・マインド」 TEL 03-5750-1741
心の面からのアプローチを重視して、不登校の子供たちを支援しています。
また、障害児支援の**「ユー・アー・エンゼル！」運動**も行っています。

エンゼルプランV TEL 03-5750-0757
幼少時からの心の教育を大切にして、信仰をベースにした幼児教育を行っています。

シニア・プラン21 TEL 03-6384-0778
希望に満ちた生涯現役人生のために、年齢を問わず、多くの方が学んでいます。

NPO 活動支援

いじめから子供を守ろうネットワーク

学校からのいじめ追放を目指し、さまざまな社会提言をしています。また、各地でのシンポジウムや学校への啓発ポスター掲示等に取り組む一般財団法人「いじめから子供を守ろうネットワーク」を支援しています。

公式サイト mamoro.org
相談窓口 TEL.03-5719-2170
ブログ blog.mamoro.org

政治

幸福実現党

内《ない》憂《ゆう》外《がい》患《かん》の国難に立ち向かうべく、二〇〇九年五月に幸福実現党を立党しました。創立者である大川隆法党総裁の精神的指導のもと、宗教だけでは解決できない問題に取り組み、幸福を具体化するための力になっています。

党員の機関紙
「幸福実現NEWS」

TEL 03-6441-0754
公式サイト hr-party.jp

出版
メディア
事業

幸福の科学出版

大川隆法総裁の仏法真理の書を中心に、ビジネス、自己啓発、小説など、さまざまなジャンルの書籍・雑誌を出版しています。他にも、映画事業、文学・学術発展のための振興事業、テレビ・ラジオ番組の提供など、幸福の科学文化を広げる事業を行っています。

アー・ユー・ハッピー？
are-you-happy.com

ザ・リバティ
the-liberty.com

幸福の科学出版
TEL 03-5573-7700
公式サイト irhpress.co.jp

THE FACT

ザ・ファクト
マスコミが報道しない
「事実」を世界に伝える
ネット・オピニオン番組

Youtubeにて
随時好評配信中！

ザ・ファクト 検索

入会のご案内

あなたも、幸福の科学に集い、ほんとうの幸福を見つけてみませんか？

幸福の科学では、大川隆法総裁が説く仏法真理をもとに、
「どうすれば幸福になれるのか、また、
他の人を幸福にできるのか」を学び、実践しています。

入会

大川隆法総裁の教えを信じ、学ぼうとする方なら、どなたでも入会できます。入会された方には、『入会版「正心法語」』が授与されます。（入会の奉納は1,000円目安です）

ネットでも**入会**できます。詳しくは、下記URLへ。
happy-science.jp/joinus

三帰《さんき》誓願《せいがん》

仏弟子としてさらに信仰を深めたい方は、仏・法・僧の三宝への帰依を誓う「三帰誓願式」を受けることができます。三帰誓願者には、『仏説・正心法語』『祈願文①』『祈願文②』『エル・カンターレへの祈り』が授与されます。

植福《しょくふく》の会

植福は、ユートピア建設のために、自分の富を差し出す尊い布施の行為です。布施の機会として、毎月1口1,000円からお申込みいただける、「植福の会」がございます。

「植福の会」に参加された方のうちご希望の方には、幸福の科学の小冊子（毎月1回）をお送りいたします。詳しくは、下記の電話番号までお問い合わせください。

月刊「幸福の科学」

ザ・伝道

ヤング・ブッダ

ヘルメス・エンゼルズ

INFORMATION	幸福の科学サービスセンター TEL. 03-5793-1727（受付時間 火〜金：10〜20時／土・日・祝日：10〜18時） 宗教法人 幸福の科学 公式サイト happy-science.jp